HAFT / KULOW

Lernen mit dem Kopf – Trainieren mit dem Computer

W0350992

Lernen mit dem Kopf – Trainieren mit dem Computer

Die effiziente juristische Lernmethode

von
Professor Dr. Fritjof Haft, München
und
Rechtsanwalt Dr. Arnd-Christian Kulow, Stuttgart

RICHARD BOORBERG VERLAG
STUTTGART · MÜNCHEN
HANNOVER · BERLIN · WEIMAR · DRESDEN

Bibliografische Information Der Deutschen Bibliothek

Die Deutsche Bibliothek verzeichnet diese Publikation in der Deutschen Nationalbibliografie; detaillierte bibliografische Daten sind im Internet über **http://dnb.ddb.de** abrufbar.

ISBN 3-415-03802-5
ISBN 978-3-415-03802-8

© Richard Boorberg-Verlag GmbH & Co KG, 2007
www.boorberg.de

Layout: Melanie Bundschuh und Melanie Wanderer
Satz: Thomas Schäfer, www.schaefer-buchsatz.de
Druck und Verarbeitung: e. kurz + co, Stuttgart
Papier: säurefrei, aus chlorfrei gebleichtem Zellstoff hergestellt; alterungsbeständig.

Vorwort

Anfangsemester Jura, ... und nun?

Zu Beginn eine kurze Frage:

Haben Sie sich das Studium so vorgestellt?

So ein Universitätsbetrieb ist schon etwas anderes als die gute alte Penne. Der Hörsaal ist riesig und voll besetzt mit Kommilitonen, die alle, so wie Sie, Jura studieren wollen. Die Professoren brauchen ein Mikrofon, damit alle verstehen, was sie vortragen ... Hat alles etwas andere Dimensionen an der Uni.

Sie haben den Eindruck, dass es niemanden so richtig kümmert ob Sie da sind oder nicht. Nach den ersten Vorlesungen bekommen Sie eine Ahnung, wie vielfältig und weitläufig die Rechtswissenschaft ist. Wie soll das alles nur in Ihren Kopf hinein? Es gibt jede Menge Fachausdrücke von „aberratio ictus" bis „Zweikondiktionenlehre". Alle Begriffe scheinen einerseits eine feste Bedeutung zu haben. Andererseits werden sie aber auch ständig heftig diskutiert. Wenn Sie dann nach den ersten Tagen so richtig beeindruckt sind, erschreckt man Sie mit Horrormeldungen über die schlechten Jobchancen für Juristen.

Sollen Sie jetzt den ganzen Tag lernen? Allein? In der Gruppe? Oder sollen Sie am besten gleich zum Repetitor gehen?

Sollen Sie in der Vorlesung lernen, mit Büchern oder gar im Internet? Und was ist überhaupt mit dem Computer?

Wenn Sie solche Fragen stellen, gibt man Ihnen die unterschiedlichsten Antworten. So verschieden wie die Menschen sind, so verschieden sind auch deren Tipps und Ratschläge. Die Ratgeberliteratur für das juristische Lernen und Studieren ist freilich gar nicht so breit aufgestellt. Wir kommen auf das eine oder andere empfehlenswerte Buch zurück.

Der vorliegende Ratgeber will Ihnen hier eine Orientierung geben. Die Menschen sind zwar verschieden, aber das menschliche Gehirn arbeitet bei allen auf die gleiche Weise. Wir geben Ihnen im ersten Teil einen kurzen Überblick über den heutigen Stand der Lernforschung. Auf diese Weise können Sie erkennen, was beim Lernen in Ihrem Kopf passiert. Wir zeigen Ihnen, wie Sie Motivation – den Brennstoff des Lernens – aufbauen und schädlichen Stress – den Kolbenfresser des Lernens – abbauen können. So vorbereitet, können Sie dann Ihr Lernen organisieren.

Dazu benötigen Sie zwei Dinge: Richtiges Handwerk und Training! Beide behandeln wir im zweiten Teil. Hier kommt der Computer ins Spiel. Wir zeigen Ihnen, wie nützlich der Computer für Sie sein kann. Sie werden überrascht sein, welche Möglichkeiten er Ihnen bietet.

Der Titel des Büchleins ist also die Botschaft:

Lernen Sie mit Ihrem Kopf – Trainieren Sie mit dem Computer

Mit unserer kleinen CD im Anhang des Buches können Sie sofort anfangen!

Also – viel Freude und Erfolg beim **Lernen** und **Trainieren!**

Inhaltsverzeichnis

Die Autoren	8
Lernen mit dem Kopf	9
Der juristische Lernmotor – Ihr Gehirn	10
Motivation ... der Brennstoff für den Lernmotor	16
Eine linke und eine rechte Hälfte ...	27
... Überblick behalten – Strukturen schaffen ...	31
Und alles ohne Stress...!	33
Trainieren mit dem Computer	39
Die Besonderheit des Jurastudiums – gelerntes und abgefragtes Wissen passen nicht zusammen	39
Die herkömmlichen Methoden taugen wenig zur Bewältigung dieser Besonderheit	41
Lernen und Trainieren	51
Die sieben juristischen Basisfertigkeiten, die Sie traininеren müssen	53
Die eigentlichen juristischen Fertigkeiten, die Sie ebenfalls trainieren müssen	71
Mit dem Computer trainieren	79
Literatur	85
Hirn-Literatur	85
Jura-Literatur	86
CD	87

Die Autoren

Professor Dr. Fritjof Haft

war viele Jahre Ordinarius für Strafrecht, Strafprozessrecht, Rechtsphilosophie und Rechtsinformatik an der Eberhard Karls Universität Tübingen, hat tausende von juristischen Examensklausuren korrigiert, hat ebenso viele mündliche Prüfungen abgenommen, und leitet heute ein von ihm gegründetes Software-Unternehmen, die Normfall GmbH, das Lern-, Entscheidungs- und Informations-Tools für Juristen entwickelt und vertreibt (www.normfall.de). Auf diese Weise entstand auch der Normfall Trainer, mit dem ein neuartiges juristisches Lern- und Trainingskonzept verwirklicht werden konnte.

Rechtsanwalt Dr. Arnd-Christian Kulow

war viele Jahre Hochschulassistent und hat Erstsemester bis hin zum Examen betreut. Hat mittlerweile viele ehemalige Studenten in juristischen und nichtjuristischen Berufen „Karriere" machen sehen. Betreut in einem juristischen Fachverlag Ausbildungsliteratur und hat einen Lehrauftrag der Universität Heidelberg im Bereich Lerntechniken.

Lernen mit dem Kopf

Arnd-Christian Kulow

und ... mit Gefühl!

Lernen findet im Kopf statt. Daher sollten Sie sich mit der Arbeitsweise des menschlichen Gehirns befassen. Sie können sehr effektiv lernen, wenn Sie „gehirngerecht" lernen. Oftmals vergleicht man das Gehirn mit einem Computer, aber die Hirnforscher sagen uns, dass unser Kopf nichts, aber auch gar nichts mit einem Computer gemeinsam hat. Glücklicherweise sind unsere Gehirne sehr gut trainierbar, wenn wir den Lernstoff richtig auswählen, die für uns optimalen „Lernkanäle" aussuchen und die richtige Lerngeschwindigkeit finden. Hoch motiviert wie Sie jetzt sind, mögen Sie denken: „Viel hilft viel!" und bis zum buchstäblichen Stillstand der Augen in der Bibliothek hocken. Sie werden vom Ergebnis enttäuscht sein.

Nochmals: Der Kopf ist kein Computer also: „Lernen ... mit Gefühl!"

Wir helfen Ihnen, die enorme Stoffmenge im Jurastudium zu beherrschen. Wir zeigen Ihnen, wie Sie Ihr Wissen im Kopf organisieren können, wie Sie Verständnis-Wissen und Know-How unterscheiden können, und wie Sie die „Links" zu externen „Programmen" und „Wissensbanken" (Gesetzen, Entscheidungen, Schrifttum) herstellen können.

Zugleich wollen wir Sie vor den drohenden „Lernfehlern" bewahren, die so häufig zum Scheitern führen, im Studium wie im Examen.

Der juristische Lernmotor – Ihr Gehirn

Es ist Ihnen an der Uni sicher schon aufgefallen, dass die „Juristen“ sich von den Studenten anderer Fächer unterscheiden. Sie schleppen Schönfelder und Sartorius mit sich herum und verbringen Stunden und Tage mit Büchern in der Bibliothek. Stets haben sie das Gesetz bei der Hand. Manche Nichtjuristen glauben zwar, das juristische Studium bestehe im Auswendiglernen von Gesetzestexten, aber das wissen Sie schon seit der ersten Vorlesung besser. Es wäre sinnlos, ein Gesetz, etwa das BGB, auswendig lernen zu wollen, ja es wäre sogar unmöglich. Gesetzessammlungen, und, allgemeiner gesagt, Bücher, sind „Datenspeicher“, die das Rohmaterial liefern, das Sie erschließen und verarbeiten müssen. Dazu müssen Sie die Fähigkeit erwerben, angesichts konkreter Rechtsfälle die richtigen Verknüpfungen aufzubauen und die richtigen „Ideen“ finden zu können. Mit auswendig gelerntem Wissen kommen Sie hier nicht sehr weit. Sie müssen sich vielmehr selbst so „programmieren“, dass Sie mit einer begrenzten Menge von juristischem Know-how die unbegrenzte Vielfalt der möglichen sozialen Konflikte fachgerecht – d. h. nach Gesetz und Recht – lösen können.

Ihr Kopf ist kein Computer

Vor wenigen Jahren dachte man noch, das Gehirn arbeite ähnlich wie ein Computer. Es lagere die Fakten an der einen „Ecke“ und die „Regeln“ oder „Verknüpfungsanweisungen“ an einer anderen „Ecke“ ab. Das Denken bestünde darin, mit Hilfe von Regeln Gedächtnisinhalte aufzubereiten. Diese Vorstellung hat sich in den letzten zehn Jahren grundlegend geändert. Heute weiß man, dass das Gehirn anders arbeitet als ein Computer. Es codiert nicht Informationen mit Einsen und Nullen, und es legt das Gelernte auch nicht an bestimmten Stellen ab. Vielmehr existiert ein Netzwerk. Der bekannte Arzt und Psychiater Manfred Spitzer schreibt in seinem Buch „Geist im Netz“:

> *„Denken ist nicht regelhaftes Hantieren mit statischen Symbolen, sondern ein nur schwer mittels Regeln beschreibbarer Prozeß, in dessen Verlauf interne Repräsentationen sich beständig verändern. Regeln, z. B. die unserer Sprache, sind nicht im Kopf (kursiv i.O.), d. h. sie werden nicht benutzt um Sprache zu produzieren. Sie dienen lediglich der nachträglichen Beschreibung dessen, was wir mittels ganz anderer Prozesse an Sprache produzieren und verstehen. (...) Bei diesen ganz anderen Prozessen handelt es sich um Vektortransformationen in neuronalen Netzwerken.“*

Diese Vektortransformationen bewirken „Muster“ (die Hirnforscher sprechen auch von „Karten“), die in den verschiedensten Regionen unseres Gehirns für die unterschiedlichsten Aspekte einer Sache angelegt werden. Es gibt daher keine Bereiche, in denen etwa „Medizin“ oder „Jura“ zu finden wäre. Das Gehirn legt vielmehr die Teile dieser und anderer „Themen“ verstreut ab. Es geht dabei auch nicht etwa streng logisch vor, sondern es verknüpft Ähnlichkeiten, Konzepte, Beziehungen, Bilder, Gefühle etc. miteinander. Für das juristische Lernen bedeutet dies, dass Sie Muster des Lernstoffes im Kopf aufbauen müssen. Sehen wir uns den Lernvorgang einmal näher an.

Für das Lernen und Behalten sind im Wesentlichen das Großhirn und der sogenannte Hippocampus verantwortlich. Untersuchungen haben gezeigt, dass zwei grundsätzlich verschiedene Lern- und Gedächtnisvorgänge existieren. Das ausdrückliche (explizite, episodische oder auch deklarative) Lernen bezieht sich auf Fakten und Ereignisse („Wissen dass...“), während sich das nicht ausdrückliche (implizite, prozedural oder auch nichtdeklarative) Lernen (, „wissen wie...“) auf Fähigkeiten (Fahrradfahren, Tennis spielen, Anziehen) bezieht.

Episodisches und prozedurales Lernen

Interessanterweise kann jemand, der etwa durch einen Unfall einen Hippocampusschaden erleidet, zwar sein Faktenwissen, nicht aber sein „Fähigkeitenwissen“ verlieren. Ja, er kann sogar im letzteren Bereich etwas hinzulernen. Beispielsweise kann er die Fähigkeit erwerben, Spiegelschrift zu schreiben.

Juristisches Lernen heißt: Fakten und „Anwendungsfähigkeit“ erwerben

Das juristische Lernen ist in erster Linie explizites Lernen. Es bringt Ihnen allerdings wenig, wenn Sie nur Fakten „lernen“, etwa das Faktum, ob eine „Bande“

nach der Rechtsprechung des Bundesgerichtshofes in Strafsachen schon bei zwei Personen beginnen kann, oder ob sie mindestens drei Personen erfordert. Vielmehr müssen Sie zudem die Fähigkeit erwerben, diese wie alle anderen Rechtsfragen anhand Ihres eingeübten Regelwissens fachgerecht – „juristisch" – zu beantworten. Dabei können Sie ruhig auch zu einem anderen Ergebnis kommen als der Bundesgerichtshof oder die „herrschende Meinung". Entscheidend ist nur, ob Ihre Vorgehensweise als solche „stimmt". So war man beispielsweise seit mehr als hundert Jahren einhellig der Meinung, ein Körperteil, etwa die Handkante, könnte kein „Werkzeug" und keine „Waffe" sein. Dann aber hat der Würzburger Strafrechtler Hilgendorf in einem Aufsatz (ZStW 2000, S. 811 ff.) das Gegenteil behauptet, und seitdem ist die Frage strittig.

Das juristische Know-how muss in Ihrem Langzeitgedächtnis entstehen. Dazu müssen Sie es anhand von praktischen Fällen einüben. Sie müssen mit anderen Worten trainieren. Bei allen anderen Fähigkeiten verhält es sich entsprechend. Noch nie hat jemand das Fahrradfahren aus Vorlesungen und Büchern gelernt. Dazu muss man auf das Fahrrad steigen und dabei auch riskieren, ein paar Mal hinzufallen.

Je besser Sie das juristische Know-how in Ihrem Langzeitgedächtnis eingeübt und präsent haben, desto mehr wandeln Sie sich vom juristischen Anfänger zum Fortgeschrittenen. Sie werden zum Profi. Um den Weg dorthin zu finden, müssen Sie am Anfang freilich schulmäßig vorgehen. Später können Sie dann Abkürzungen vornehmen. Deshalb dürfen Sie gerade zu Beginn des Studiums nicht zu schnell lernen, so merkwürdig das auch klingt.

Wer langsam lernt, lernt schnell!

Sie haben gelesen, dass das Gehirn „Muster" anlegt. Genauer, es stellt Verbindungen zwischen Nervenzellen her und verstärkt diese bei Bedarf. Dieser Vorgang benötigt seine Zeit. Das Lernen muss daher langsam vonstatten gehen. Warum ist das so? Mittlerweile kennt man die Funktionsweise der Lernvorgänge viel besser als noch vor ein paar Jahren. Explizites und implizites Wissen wird im Großhirn „verdrahtet". Es werden Verbindungen zwischen Nervenzellen aufgebaut und verstärkt. Das Großhirn lernt deshalb langsam, weil es sich quasi selbst „umbauen" muss. Haben Sie mal Inlineskating oder Skifahren gelernt? Am Anfang saßen Sie wahrscheinlich mehr auf dem Hintern als dass Sie fuhren. Haben Sie es dann letztlich doch gelernt? Klar, aber nur durch endlos scheinendes Wiederholen. Diese Beispiele geben Ihnen einen Eindruck von der Zeit, die das Großhirn für das Lernen benötigt. Dann aber tritt der Erfolg ein.

Beim Lernen ist der Hippocampus aktiv, ein entwicklungsgeschichtlich alter Teil unseres Gehirns. Wenn Sie ein Buch lesen oder in der Vorlesung sitzen, landet das Gelesene oder Gehörte erstmal beim Hippocampus. Dieser fungiert als Zwischenspeicher für Faktenwissen und bietet dieses Wissen dem Großhirn immer wieder an. Der Hippocampus kann also als **„Trainer des Kortex"** (Spitzer) bezeichnet werden. Hätten Sie keinen Hippocampus, müssten Sie sich am Beginn jeder Fallbearbeitung die Einteilung des Rechts in die drei Gebiete immer wieder vorsagen und würden sie trotzdem nicht „in den Kopf" bekommen.

Hippocampus und Kortex

... kleine Häppchen und vor allem ...

Die Kapazität des Hippocampus ist nicht unbegrenzt. Daher sind mehrere kurze Lerneinheiten besser als eine sehr lange.

Während das Großhirn große Mengen an Informationen aufnehmen und speichern kann, ist die Kapazität des Hippocampus begrenzt. Daraus ergeben sich Konsequenzen für Ihr Lernen. Die Lerneinheiten müssen dieser begrenzten Aufnahmefähigkeit des Hippocampus angepasst werden. Es kommt nicht von ungefähr, dass eine Vorlesungseinheit eine Dreiviertelstunde beträgt. Diese Zeitdauer ist auch ein gutes Maß für das Lernen. Danach sollten Sie sich an der frischen Luft entspannen, am besten mit einem Kakao, bei einem Schwatz mit Kommilitonen vor der Bibliothek. Wichtig ist auch ausreichender Schlaf. Dass Nikotin und Alkohol den Hippocampus bei seiner „Trainertätigkeit" empfindlich stören, ist klar. Wie gesagt, weniger ist mehr. Für das erste Semester reicht der Besuch der Vorlesungen mit entsprechender Vor- und Nachbereitung völlig aus. Erholen Sie sich immer wieder ausreichend. Selbst in der heißen Phase der Examensvorbereitung sind sechs Stunden

(Pausen abgerechnet) reine Lernzeit pro Tag schon das Maximum.

Der Hippocampus passt sich Ihren Lernbemühungen an. Er bildet neue Zellen und vergrößert sich, wenn Sie ihn nutzen. Wenn Sie allerdings zuviel des Guten tun, ermüden Sie übermäßig. Auch verleiden Sie sich die Freude am Studium. Damit sind wir beim nächsten wichtigen Thema:

Motivation ... der Brennstoff für den Lernmotor

Motivation, Lernen, Stress

Wer motiviert ist, lernt besser. Sind Sie schon hochmotiviert? Okay, dann überspringen Sie diesen Teil. Allen anderen geben wir hier ein paar gute Tipps. Auch hier gehen wir von der Funktionsweise des Gehirns aus. Sie werden staunen!

Denken Sie bitte mal kurz an die Schule zurück. Welche Fächer haben Ihnen am meisten Spaß gemacht?

Waren Sie in diesen Fächern erfolgreich? Haben Sie sich tiefer in diese Fächer eingearbeitet als in andere? Ja? Dann waren Sie, wie man neudeutsch sagt, motiviert.

Denken Sie an Ihre Freizeit. Müssen Sie sich quälen, um Ihrem Hobby nachzugehen? Sicher nicht.

Hinter den meisten erfolgreichen Unternehmungen, ob nun ein Studium absolviert wird oder ein Betrieb aufgebaut wird, steht eine starke Motivation.

Jetzt übernehmen Sie das Steuer ...

In der Schule kümmerten sich Ihre Eltern und die Lehrer um Sie. Man beobachtete Sie, sprach mit Ihnen über Ihre Leistungen, hielt Sie zum Lernen an und brachte Sie letztlich durch das Abitur. Im Studium ist das anders. Da sind Sie – und nur Sie – für sich selbst verantwortlich. Wenn Sie es nicht schaffen und die Vorlesung schwänzen, schreibt Ihnen der Prof keinen „blauen Brief“. Sie sind dann eben einfach kein Jurastudent mehr.

Jetzt habe ich Sie demotiviert, oder?

Nein, nicht wirklich ...!

Okay, dann machen wir weiter.

Ich will Ihnen nur unmissverständlich klarmachen, dass Sie selbst Ihr „Feuer“ für die Juristerei schüren müssen. Davon, dass dieses „Feuer“ brennt, hängt letztlich alles Weitere ab.

Machen wir mal einen kleinen Test:

Beantworten Sie sich mal im Stillen die Frage warum Sie Jura studieren. Ganz wichtig: Seien Sie ehrlich!

Na?

Studieren Sie Jura, weil Sie sich für Gerechtigkeit interessieren oder für Staatsphilosophie, oder für Rechtsgeschichte...

oder

weil man mit Jura später mal alles Mögliche machen kann ...

oder

weil Sie ein Top-Anwalt werden und einen Porsche und eine große Villa haben wollen ...

Keine Sorge, ich bewerte das jetzt gar nicht. Ich will nur, dass Sie kurz über die Quelle Ihrer Motivation nachdenken.

Man unterscheidet die Primärmotivation von der Sekundärmotivation. Bei der Primärmotivation machen Sie eine Sache um ihrer selbst willen, bei der Sekundärmotivation machen Sie etwas, weil Sie damit etwas anderes, was Ihnen eigentlich wichtiger ist, erreichen wollen. Im ersten Fall sind Sie direkt motiviert, im zweiten Fall nur indirekt.

Natürlich gibt es auch – wie immer – ein „dazwischen". Die meisten Jurastudenten stehen dem Studium eher abwartend gegenüber. Sie haben in der Schule nur ausnahmsweise Rechtskundeunterricht gehabt, so dass sie nur wenig oder nichts über das Recht wissen.

Merken Sie etwas?

Am stärksten sind Sie motiviert, wenn Sie sich wirklich für Jura selbst interessieren. Dann werden zwar auch für Sie Zeiten kommen, in denen Sie vielleicht an der Sache zweifeln, aber grundsätzlich sind Sie schon mal gut auf das Studium eingestellt.

Was motiviert mich?

Wenn Sie dagegen als „Top-Anwalt" viel Geld verdienen wollen, sind Sie nur indirekt motiviert. Das heißt aber nicht, dass Sie nicht mit Energie an das Studium herangehen können. Ihnen macht dann eher die schwierige Berufslage der Anwaltschaft Sorgen, weil ein Studium allein Ihnen noch nicht das hohe Einkommen garantiert. Zudem kann sich bei Ihnen aus der indirekten Motivation durchaus eine direkte Motivation ergeben, wenn Sie sich auf die Sache erstmal eingelassen haben. Es kann passieren, dass Ihnen eine dogmatische Lösung nicht gefällt und Sie eine bessere Idee haben. Es kann sein, dass Sie ein BGH-Urteil ärgert und dass Sie eine Urteilsanmerkung schreiben wollen. Und schon sind Sie mitten darin in der Juristerei. Als Anwalt ist man ein Terrier. Was man einmal gepackt hat, lässt man so schnell nicht wieder los.

Die Unentschiedenen haben es am schwersten sich zu motivieren. Für sie besteht die Gefahr, in einer Zuschauerhaltung zu verharren. Sie sitzen in den Vorlesungen wie Theaterbesucher. Vor den Klausuren wird dann hektisch gebimst, nicht, um die Sache zu packen, sondern nur deswegen, um nicht durchzufallen. Mit zweifelnden Blicken schauen sie zu anderen Fakultäten und überlegen dauernd, ob sie das richtige Studium gewählt haben. Kurz: Sie würden sich am liebsten durchs Studium treiben lassen, wenn ... ja, wenn es dazu nicht zu anstrengend und zu fordernd wäre.

Wenn Sie zu dieser Gruppe gehören, müssen Sie sich stärker auf die Juristerei einlassen. Melden Sie sich in den Vorlesungen, diskutieren Sie mit den „Cracks" Ihres Semesters. Wenn Sie trotzdem merken, dass Jura Sie eigentlich nicht interessiert, dann denken Sie über eine Alternative nach. Im ersten oder zweiten Semester das Studium zu wechseln, eine „Studienschwerpunktverlagerung" vorzunehmen, ist überhaupt kein Problem. Ein Problem ist es, mit einem ungeliebten Studium und – schlimmer – Beruf durch das Leben zu laufen.

„Mit Jura kann'ste später mal alles machen ...“

Trösten Sie sich mit diesem Satz nicht zu früh. Es ist zwar in der Tat erstaunlich, was Juristen alles machen, und wo Sie überall tätig sind, vom Manager bis zum Opernintendanten. Das Studium erzeugt (zumindest theoretisch noch) den Allroundjuristen, dem über den eigentlichen Rechtsbereich hinaus eine Vielzahl von Berufen offen steht. Aber mittlerweile konkurrieren die Juristen überall mit den Absolventen anderer Fachrichtungen um die immer rarer werdenden Arbeitsplätze. Wenn Sie nicht ganz überdurchschnittliche Noten haben, brauchen Sie, um erfolgreich zu sein – sprich, einen Job zu kriegen – auch Spezialkenntnisse. Um dahin zu kommen – ich werde nicht müde, es zu betonen – müssen Sie motiviert sein. Die beste Motivation ist aber, das sollte jetzt klar geworden sein: Interesse und Freude an der Sache.

Wie motiviere ich mich ...?

Ganz einfach: Denken Sie an Ihre Schulzeit oder an Ihre Hobbys. Sie sind motiviert wenn Sie etwas interessant und spannend finden. Sie haben ja jetzt die ersten Juravorlesungen gehört und...?

Sie finden die nur mäßig spannend, vielleicht sogar langweilig?

Kein Problem! Das Recht ist ein gigantischer Raum. Es umspannt alles was in unserer Gesellschaft bedeutsam ist. Gehen Sie auf die Suche nach Sie ganz persönlich interessierenden Aspekten. Sie wissen nicht, wo und wie Sie suchen sollen? Nehmen Sie Ihr Hobby. Was machen Sie in Ihrer Freizeit. Sport? Dann beschäftigen Sie sich mit dem Sportrecht! Sie sitzen nächtelang vor dem Computer? Dann ergründen Sie das IT-Recht! Sie sind Kassierer beim örtlichen Schachverein. Dann befassen Sie sich mit dem Vereinsrecht. Beginnen Sie mit einem nicht zu umfangreichen Buch zu Ihrem Thema. Natürlich gehen Sie weiterhin auch in Ihre „normalen" Vorlesungen, aber nebenbei lesen Sie sich schon mal in „Ihr Thema" ein. Wenn Sie bei der Lektüre dann plötzlich Fragen haben, weil Sie etwas nicht verstehen oder Fragen haben, die Ihr Buch nicht beantwortet, dann haben Sie gewonnen. Sie können sich nämlich Ihre Fragen selbst beantworten. In der Bibliothek finden Sie die Antworten auf Ihre Fragen. Bedenken Sie: Als Jurist wollen Sie später im Beruf die Probleme anderer Leute lösen. Darauf bereiten Sie sich vor, indem Sie lernen, Ihre eigenen Probleme zu lösen.

Lassen Sie mich die Sache etwas weiterspinnen. Sie sind vielleicht Computerfreak und haben im ersten Semester mit der Einarbeitung in das IT-Recht begonnen. Sie haben zwar von dem, was Sie gelesen haben, noch nicht alles verstanden, aber es hat Sie interessiert. Und weil es Sie interessiert hat, hat es Ihnen „Spaß" gemacht. Im zweiten Semester kapieren Sie schon mehr. Im dritten Semester werden Sie HiWi an einem Lehrstuhl, der sich mit IT-Recht beschäftigt. Später werden Sie Assistent, promovieren über ein Thema aus diesem Gebiet ... Ihre Karriere ist vorgezeichnet. Glauben Sie nicht, die Karriere sei etwas, was irgendwann in ferner Zukunft beginnt. Sie beginnt im ersten Semester – wenn Sie das nur begreifen und entsprechend handeln.

Also: Gehen Sie aktiv und offensiv an den Rechtsstoff heran. Sie werden rasch merken, wie Sie Freude an der Rechtswissenschaft bekommen, und wie sich diese Freude steigert. Auf diese Weise können Sie

Motivation sogar in andere, wichtige und prüfungsnotwendige Bereiche der Rechtswissenschaft „rüberziehen“. Plötzlich stellen Sie Fragen in Vorlesungen, die Sie zunächst für langweilig gehalten haben. Sie lassen sich auf den Prof ein, fühlen sich persönlich angesprochen, interessieren sich für das, was da vorne abläuft. Gehirntechnisch gesprochen: Sie bauen die Fremdheitsschwelle des Stoffes ab. Sie eignen sich den Stoff an. In Ihnen entsteht Neugier, eine der stärksten Motivationen, die es gibt.

Und trotzdem: Motivation ist nicht alles ...

Eines will ich dabei nicht verschweigen. Das Jurastudium fordert von Ihnen auch schlichte Zähigkeit. Sie werden Zeiten der Lustlosigkeit durchleben. Das ist nichts juraspezifisches, das erlebt jeder Student in jedem Fach. In diesen Phasen hilft nur eins: Zäh sein und durchhalten! Dabei helfen Ihnen Gewohnheiten. Wenn Sie sich rechtzeitig angewöhnen, den in Vorlesungen gehörten Stoff nachzuarbeiten, hilft Ihnen diese Gewohnheit, auch dann weiterzumachen, wenn die Lust am Lernen einmal gering ist und wenn das Schwimmbad oder die Skipiste lockt.

> *In der Uni sind Sie mit Ihrem Jurastudium auf sich allein gestellt. Der Treibstoff Ihres Studiums ist Ihre Motivation. Sie müssen versuchen, sich den Stoff selbst schmackhaft zu machen. Die Juristerei ist so weitläufig, dass Sie mit Sicherheit etwas Interessantes finden werden. Gleichzeitig müssen Sie aber auch Ihre Zähigkeit trainieren.*

. . . Erst den Normalfall lernen!

Nehmen wir an, Sie kehren nach einer Pause wieder an Ihren Schreibtisch zurück. In der vergangenen Stunde haben Sie sich mit der Willenserklärung im BGB beschäftigt. Dabei ging es Ihnen darum, zunächst einmal zu klären, was eine Willenserklärung überhaupt ist. Sie haben jetzt eine zwar noch ungefestigte, aber richtige Vorstellung von der Willenserklärung im Kopf. Nunmehr fangen Sie an, sich mit der Irrtumslehre zu beschäftigen. Ihr Kopf muss jetzt neue Informationen zu einem ganz ähnlichen Thema aufnehmen, obwohl sich die Grundstrukturen des Themas „Willenserklärung" noch nicht durch entsprechende Wiederholungen gefestigt haben. Sie lernen aber trotzdem brav weiter und entdecken nach einer weiteren Stunde, dass Sie alles durcheinander bringen. Sie zweifeln an sich selbst. Sie glauben, für Jura schlicht zu blöd zu sein.

Dem ist nicht so! Sie sind einem bekannten Phänomen zum Opfer gefallen. Die Hirnforscher nennen es „katastrophale Interferenz". Eine „Interferenz" bewirkt, dass Sie vorhandene Lernstrukturen stören, ja möglicherweise löschen, und das ist „katastrophal". Statt Neues zu lernen, vernichten Sie das Vorhandene.

Beim Jurastudium geraten Sie schnell in solche Interferenzen. Hier gibt es so gut wie keine Regel ohne Ausnahme. Hier scheint auch nichts „normal" zu sein. Kaum glauben Sie beispielsweise, die Willenserklärung erfasst zu haben, begegnet Ihnen die „Trierer Weinversteigerung". Jemand winkt seinem Freund einen Gruß und erfährt zu seiner Überraschung, dass er dadurch ein Fuder Wein ersteigert haben soll. Hat er das? Solange Sie aber den Regelfall der Willenserklärung nicht beherrschen, solange sich dieser nicht in Ihrem Gehirn verfestigt hat, stören solche Ausnahmen die Regel. Das kann zur Auslöschung der Regel führen, und dann ist auch die Ausnahme verloren. Am Ende verstehen Sie nur noch Bahnhof.

Wenn Sie sich diesen Mechanismus klarmachen, erkennen Sie, wie wichtig es ist, sich zunächst nur mit der regelgerechten Normalität zu befassen, und nur diese zu lernen. *Fritjof Haft* nennt diese Vorgehensweise Normalfallmethode. Er beschreibt sie ausführlich in seiner „Einführung in das juristische Lernen". **Lesen Sie dieses Buch!** Sie begreifen dann, wie wichtig es ist, stets zunächst vom normalen Fall z. B. einer Willenserklärung auszugehen. Erst wenn Sie diesen Normalfall verstanden haben und beherrschen, sollten Sie sich mit Problemfällen wie der „Trierer Weinversteigerung" befassen. Später, in der Klausur oder im mündlichen Examen, gehen Sie auf dieselbe Weise vor. Geht es in der Klausur um eine problematische Willenserklärung, dann „normalisieren" Sie den Fall zunächst einmal, indem Sie sich das Problem wegdenken. Wenn Sie dann Ihren Problemfall mit der zugrunde liegenden Normalität vergleichen, erkennen Sie die Natur Ihres Problems. Sie analysieren die Abweichung von der Normalität. Sie argumentieren juristisch. Ihre Lösung wird **immer vertretbar** sein, auch wenn sie von der „herrschenden Meinung" abweicht.

Emotionen sind beim Juralernen wichtig . . .!

Der Hippocampus ist noch in anderer Hinsicht bemerkenswert. Er ist eng mit dem Gefühlssystem verbunden. Dieses wirkt maßgeblich an der Auswahl und Bewertung der eintreffenden Informationen mit. Man weiß heute, dass emotional eingefärbte Inhalte bevorzugt an das Großhirn weitergeleitet werden. Emotionen spielen daher auch beim juristischen Lernen eine zentrale Rolle. Eine langweilige Vorlesung, die der Dozent vielleicht auch noch vom Blatt abliest, hinterlässt deshalb kaum einen Eindruck? Ein lebendiger, wortgewaltiger Dozent befördert den Stoff dagegen wirkungsvoll in Ihr Langzeitgedächtnis.

Es wäre allerdings zu einfach, deswegen Misserfolge beim Lernen auf die Profs zu schieben. Den emotionalen Gehalt Ihres Studiums bestimmten einzig und allein Sie selbst. Ihr Engagement, Ihre Motivation, Ihre Erwartung an das Studium bestimmen Ihre Emotionen. Sie können diese positiv gestalten. Dazu gehört etwa, dass Sie sich nach einer Lernphase „belohnen". Auf eine gute Klausur können Sie stolz sein. Belohnen Sie sich selbst für Ihre Erfolge. Und lassen Sie sich von Ihren Misserfolgen anspornen statt sich zu entmutigen. Jeder Fehler, den Sie vor dem Examen machen, ist ein guter Fehler, weil Sie ihn in der entscheidenden Prüfung nicht mehr wiederholen werden.

Nicht vergessen: ... wiederholen, wiederholen, wiederholen ...

Immer wieder müssen Sie sich mit dem Lernstoff beschäftigen. Wenn Sie das in einer Vorlesung Gehörte oder in einem Buch Gelesene nicht nacharbeiten, haben Sie nach einem Tag bestenfalls noch zwanzig Prozent davon „im Kopf". Nach zwei Tagen sind es höchstens noch zehn Prozent. Wenn Sie Vorlesungen nach dem Unterhaltungswert des Dozenten aussuchen und wie eine Fernsehsendung passiv konsumieren, vergeuden Sie Ihre Zeit. Wiederholen Sie das Gehörte dagegen kurz nach der Vorlesung, dann wieder am folgenden Tag, in der folgenden Woche, im folgenden Monat und vielleicht nach einem halben Jahr. So können Sie siebzig bis achtzig Prozent des Lernstoffes in Ihrem Langzeitgedächtnis halten.

Bedenken Sie: Ihr Kopf ist äußerst ökonomisch organisiert. Was Sie nicht gebrauchen, baut er ab. Das gilt für Muskeln ebenso wie für Großhirnverschaltungen. Die Besonderheit der Juristerei, dass alle Rechtsstrukturen aufeinander aufbauen und im Grunde nichts weggelassen werden kann, wirkt sich unter diesem Aspekt vorteilhaft aus. Die wesentlichen Strukturen begegnen Ihnen immer wieder in den unterschiedlichsten Zusammenhängen. Dadurch lernen Sie die Grundstrukturen bis zu einem gewissen Grad von selbst – wenn Sie nur „dranbleiben".

Eine linke und eine rechte Hälfte ...

Für das juristische Lernen ist noch eine weitere Besonderheit des Großhirns bedeutsam. Das Gehirn besteht aus zwei Hälften, die miteinander in Verbindung stehen und koordiniert werden. Die rechte Gehirnhälfte ist für die Intuition, also für Bilder, Musik und Phantasie „zuständig". Die linke Hälfte dient dagegen den Bereichen der Logik, der Sprache und der Analyse. Sie können sich selbst prüfen, um herauszufinden, mit welcher Hälfte Sie lieber arbeiten.

Suchen Sie den großen Überblick über das Ganze? Nerven Sie die Details die Sie in den Vorlesungen zu hören bekommen? Malen Sie sich die Fallgestaltungen farbig und interessant aus? Interessiert Sie die juristische Lösung weniger? Misstrauen Sie logischen Konstrukten?

Wenn das so ist, arbeiten Sie vermutlich bevorzugt mit ihrer rechten Hirnhälfte. Da diese den linken Teil Ihres Körpers steuert, sind Sie möglicherweise auch Linkshänder. Keine Sorge, wenn das so ist. Es heißt nicht, dass Sie nicht ein guter Jurist werden können – im Gegenteil!

Vertiefen Sie sich lieber in Einzelheiten? Reichen Ihnen die Erklärungen in der Vorlesung kaum aus? Drängt es Sie, die juristischen Details zu klären? Fallen Ihnen logische Brüche in Argumentationen sofort auf? Wenn das so ist, sind Sie vermutlich stärker auf Ihre linke Hirnhälfte fixiert. Dann verfügen Sie eher über Rationalität und Analysefähigkeit. Logisch schlüssiges Argumentieren und die Auseinandersetzung mit Detailproblemen sind Aufgaben, die jeder Jurist bewältigen muss.

Sie ahnen, was jetzt kommt!

... Beidhirnig Lernen!

Wenn Sie wirklich effektiv lernen wollen, müssen Sie beide Gehirnhälften benutzen. Gut dran ist, wer das ohnehin gewohnheitsmäßig tut. Alle anderen müssen die jeweils schwächere Seite stärken. Einen guten Juristen zeichnet nämlich neben der Fähigkeit, logisch zu denken und zu argumentieren, immer auch das Vorhandensein von Phantasie und Überblick aus.

Das Gehirn will keine isolierten und unverständlichen Informationen vorgesetzt bekommen. Für ein normales, d. h. juristisch nicht vorbelastetes Gehirn ist der folgende Satz eine Zumutung:

„Eine Willenserklärung ist eine Willensäußerung mit Rechtsbindungswillen.“

Das Gehirn wird ihn als fremd und unverständlich ablehnen. Das ist auch verständlich, enthält der Satz doch drei unbekannte Wörter, die alle irgendwie den Bestandteil „Willen“ in sich tragen.

Wandeln wir den Satz ab:

„Wer einem anderen eine Belohnung dafür verspricht, dass dieser die auf einen Baum entflohene Katze zurückholt, gibt eine Willenserklärung ab.“

So etwas gefällt dem Gehirn schon besser. Die rechte Gehirnhälfte zaubert während der ersten Satzhälfte sofort ein Bild von einem ältlichen Katzenliebhaber, der vor einem Baum steht, auf dem die Mimi miaut, und der einen jugendlichen Sportsmann bittet, die Katze gegen Belohnung vom Baum zu holen. Wenn dann in der zweiten Satzhälfte der Begriff „Willenserklärung“ kommt, schaltet sich die linke Hälfte dazu und interessiert sich für die rechtliche Bedeutung des Belohnungsversprechens (Bindungswille). Sie erkennt, dass der Begriff der Willenserklärung eine Abstraktion ist. Das Gehirn würde jetzt als Schlussfolgerung auch den oben gebrachten Satz verarbeiten können.

Damit erkennen Sie eine weitere wichtige Besonderheit der Arbeitsweise des Gehirns. Es sucht stets nach Möglichkeiten, neue Informationen mit bereits bestehenden Mustern oder „Karten“ zu verknüpfen. Völlig unbekannte Informationen werden dabei zunächst daraufhin überprüft, ob sie Neugier wecken. Tun Sie das nicht, werden sie als „feindlich“ eingestuft und rufen Abwehr und Stress hervor.

Merken Sie etwas?

Sie sind gefordert! Ist Ihnen der Bezug eines neuen, in der Vorlesung oder in einem Buch aufgenommenen Stoffes zu Ihrem vorhandenen Wissen nicht klar, müssen Sie selbst diesen Bezug aktiv herstellen. Sie können das am besten tun, indem Sie den Stoff konkretisieren. Denken Sie sich einen Fall dazu aus, und zwar einen normalen, problemlosen Fall. Die Juristen sind Meister der Abstraktion. Eine allgemeine Regel ist immer eine Abstraktion. In der fachlichen Auseinandersetzung erspart die Abstraktion lange Erzählungen. In Gesetzen werden die allgemeinen Regeln und Definitionen immer ganz vorne gebracht, damit man sie nicht dauernd wiederholen muss. Beim BGB haben Sie diese Vorgehensweise schon kennen gelernt.

Für den Anfänger ist die Abstrahiererei aber gefährlich. Wenn Sie sich zu den Abstraktionen keine konkreten Fälle vorstellen, lernen Sie unverständliche Sätze, ohne eine Ahnung zu haben, was diese praktisch bedeuten. Dagegen wehrt sich Ihr Gehirn durch Vergessen – zu Recht.

Deshalb sollten Sie sich immer ein konkretes Bild von der Sache machen. Stellen Sie sich zu jeder juristischen Aussage einen, besser, mehrere **konkrete Fälle** vor. Lernen Sie niemals eine Abstraktion als solche. Alle juristischen Abstraktionen sind aus konkreten Fällen entstanden. Begriffe wie den der Willenserklärung gibt es nur, weil es Fälle wie den Katzenfall gibt. Darüber steht freilich nichts in den Lehrbüchern. Die Autoren schreiben erst darüber, wenn die Sache juristisch interessant ist („Mimi ist gar nicht die Katze des Auslobenden, sondern sie gehört dem Nachbarn", „Der Katzenfreund nimmt sich insgeheim vor, den Sportsmann nicht zu bezahlen", „Der Sportsmann fordert Vorauskasse und nimmt sich dabei vor, gar nicht auf den Baum zu steigen", „Mimi kommt nach Abschluß der Vereinbarung von selbst vom Baum"...) Hinter all diesen „Problemfällen" steht eine Normalität. Diese enthält den Schlüssel zu allen Problemen. Nutzen Sie diesen Schlüssel!

... Das Netz knüpfen

Beim Konkretisieren verknüpfen Sie Neues mit Bekanntem. Diese Verknüpfungen sind ebenso wichtig wie die Informationen selbst. Sie erleichtern Ihrem Hippocampus-Trainer die Arbeit, wenn Sie nach Anknüpfungspunkten suchen. Nehmen Sie das Beispiel Urkunde. Wenn Sie in der Vorlesung etwas über den Urkundenbegriff hören, sollten Sie das Gehörte mit allem verknüpfen, was Ihnen zum Thema „Urkunden" einfällt. Haben Sie schon mal eine Urkunde in der Hand gehabt? Die Zeugnisurkunde vom Abitur? Die Spaßurkunde bei der Vereinsfeier? Ist so eine Spaßurkunde eigentlich trotzdem eine „richtige" Urkunde? – Gute Frage! Und was ist eigentlich mit Kinokarten, sind das auch Urkunden?

Und schon sind Sie mitten drin in der Juristerei. Glauben Sie mir, wenn Sie die genannten (und weitere) Fragen beantwortet haben, wissen Sie mehr über Urkunden als der arme Examenskandidat, der außer seiner tollen Definition nichts gelernt hat.

Gelungene Verknüpfungen bewirken übrigens auch eine stärkere Motivation. Sie erzeugen dadurch eine positive Verstärkung Ihres Lerneifers.

... Überblick behalten – Strukturen schaffen ...

Ihre rechte Hirnhälfte liebt den großen Überblick. Sie verlangt nicht nach Einzelheiten, sondern nach Konzepten. Tun Sie Ihr den Gefallen! Lernen Sie erst die groben Strukturen eines Gebietes, dann die Detailstrukturen. *Haft* nennt diese Vorgehensweise **Strukturdenken**. Bauen Sie sich Ihre Strukturen selbst auf. Das kann in der Vorlesung damit beginnen, dass Sie nicht etwa alles mitschreiben (das finden Sie in Büchern besser), sondern Strukturen „malen". Wichtig ist, dass Sie selbst Ihre Strukturskizzen anfertigen. Mittlerweile gibt es Bücher mit grafischen Darstellungen, die sicher nicht schlecht sind. Für ein effektives Lernen ist es jedoch unerlässlich, selbst zum Stift zu greifen. Der Sinn dieser Übung liegt nämlich nicht darin, sofort perfekte Strukturen aus einer Vorlesung abzuleiten, sondern das eigene Verständnis schrittweise zu visualisieren. Auf diese Weise können Sie auch Missverständnisse selbst erkennen und korrigieren. Eigene Strukturskizzen bieten Ihnen auch die Möglichkeit, schnell und effektiv eine Vorlesungsveranstaltung nachzuarbeiten.

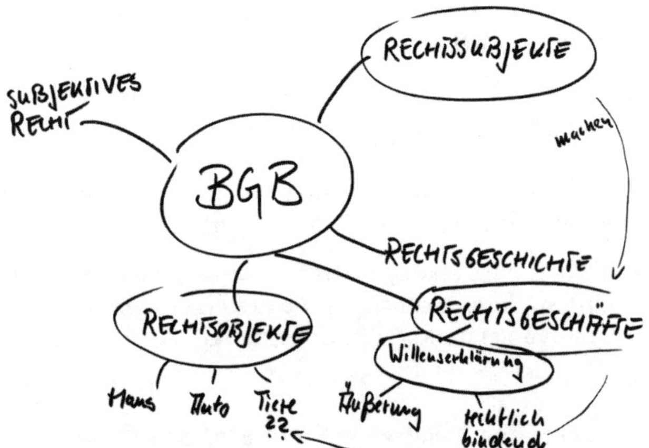

Struktur BGB Vorlesung

> *Das Gehirn ist unser juristisches Universalwerkzeug. Es funktioniert nicht wie ein Computer, sondern es lagert Informationen verteilt nach verschiedensten Gesichtspunkten ab. Wichtig beim Lernen ist die Wiederholung. Praktizieren Sie Normalfalldenken und Strukturdenken.*

Und alles ohne Stress...!

Schon sehr bald kommen die ersten Klausuren und Hausarbeiten auf Sie zu. Dies schafft Stress. Die ersten Misserfolge vergrößern den Stress! Wer gestresst ist, kann weder gut lernen noch gut Klausuren schreiben. Der Lernmotor hat einen „Kolbenfresser". Dagegen müssen Sie etwas tun.

Was ist Stress?

Der Begriff „Stress" wird meist negativ und „schlecht" dargestellt. Das legt die Frage nahe, was Stress überhaupt ist. Wie kommt es zu den vielfältigen Symptomen von Stress? Gibt es auch so etwas wie „positiven Stress"?

Ohne Stress läuft gar nichts: Die beiden Stressarten

> *„Stress ist unser ständiger Begleiter, so lange wir leben. Er sitzt mit uns am Tisch, er geht mit uns schlafen, er ist dabei, wenn leidenschaftliche Küsse ausgetauscht werden. Manchmal geht uns seine Anhänglichkeit auf die Nerven, dennoch verdanken wir ihm jeden persönlichen Fortschritt*

und erreichen durch ihn immer höhere Stufen geistiger und körperlicher Weiterentwicklung. – Er ist die Würze des Lebens."

Dieses Zitat stammt von *H. Selye*, der in den fünfziger Jahre die moderne Stressforschung begründet hat. *Selye* beobachtete, dass völlig unterschiedliche Reize (Lärm, Hitze, Angst, Anstrengung,...) unter bestimmten Bedingungen gleiche, teilweise krankhafte Veränderungen bei Menschen bewirken können. Er unterscheidet zwischen dem Stressauslöser oder Stressor (Klausur, Seminarvortrag, Staatsprüfung) und der Stressreaktion (Appetitlosigkeit, Kettenrauchen, Herzrasen). Unabhängig vom jeweiligen Stressor reagiert jeder Mensch auf seine persönliche Art. Der eine kämpft, der andere flüchtet („Fight-or-flight"-Mechanismus). So erklärt es sich, dass dem einen der Stress „auf den Magen schlägt", während der andere unter Stress einen „Heißhunger" entwickelt..

... heute überholt: ... kämpfen oder flüchten!

Stressreaktionen waren ursprünglich einmal lebensnotwendig. Als unsere Vorfahren noch Jäger und Sammler waren, mussten sie bei plötzlich auftretenden Bedrohungen je nach Lagebeurteilung kämpfen oder flüchten. Angesichts eines Säbelzahntigers konnten sich unsere Urahnen alles erlauben, nur keine diffizilen Betrachtungen über die Feinheiten der Lage. Schnelles, eindeutiges, intuitives Handeln war gefordert. Dieser „Fight-or –flight"-Mechanismus" ist angesichts der geringen Bestände an Säbelzahntigern in den Gängen deutscher Justizbehörden und Verwaltungen sinnlos geworden. (Schlimmer: Der Säbelzahntiger „Examen" fordert gerade jene scharfsinnigen Erwägungen, die der echte Tiger mit sofortigem Verspeisen des „Denkers“ geahndet hätte.)

Dass dabei auch für die Urmenschen „Tiger“ nicht gleich „Tiger“ war, liegt auf der Hand. Ein niedliches Tigerbaby mit großen Augen und Plüschohren setzte auch beim frühen **Homo sapiens** andere körperlich-geistige Affekte frei als die kurze Zeit später mit Gebrüll heranrasende Tigermutter. So erklärt es sich, dass die Stärke und der Effekt der Stressreaktion entscheidend von der eigenen Wahrnehmung und Einschätzung der Situation abhängen. Im Falle der ergrimmten Tigermutter entschieden sich unsere Vorfahren fraglos für die „Flight“-Variante.

Ob und in welchem Maße wir Stress empfinden, hängt also entscheidend von unserer Einschätzung der Situation ab. In Kürze kann man sagen: Die Wahrnehmung einer Situation als „stressig“ hängt davon ab, wie ich die Anforderungen einerseits und meine Bewältigungsmöglichkeiten andererseits einschätze. „Anforderungen“ sorgen dabei für Stressanstieg, vermutete „Bewältigungskompetenz“ bewirkt dagegen Stressabbau. Hier zeigt sich im Übrigen „stresstheoretisch“, warum sich eine gute Examensvorbereitung auch dann lohnt, wenn man den in einer Klausur geforderten Stoff gerade nicht „drauf“ hat: Man schätzt die eigenen Lösungsmöglichkeiten besser ein und bleibt dadurch innerlich stabil. Wer mit dem Gefühl in die Prüfung geht, schlecht vorbereitet zu sein, leidet selbst dann unter erhöhtem Stressniveau, wenn er den entsprechenden Fall eigentlich leicht lösen könnte.

Den optimalen „Stresspunkt" finden!

Das Stressmodell der Anforderungen und Bewältigungsmöglichkeiten lässt sich noch etwas ergänzen. Dazu müssen wir kurz zu dem Zitat von *Selye,* dem Begründer der Stressforschung, zurückkehren. Stress ist nicht gleich Stress. Anforderungen, von denen ich annehme, sie gut bewältigen zu können, erzeugen zwar Stress (wie jede Anforderung), dieser Stress schadet mir allerdings nicht – im Gegenteil, er sorgt für meinen Erfolg. Es handelt sich um „positiven Stress" oder „Eustress" (von altgriechisch „eu" = gut). Erst wenn ich glaube, Anforderungen übersteigen meine Möglichkeiten, sie zu bewältigen, entsteht der krankmachende „Disstress". Diesen Stress meint man eigentlich, wenn man von „Stress" spricht.

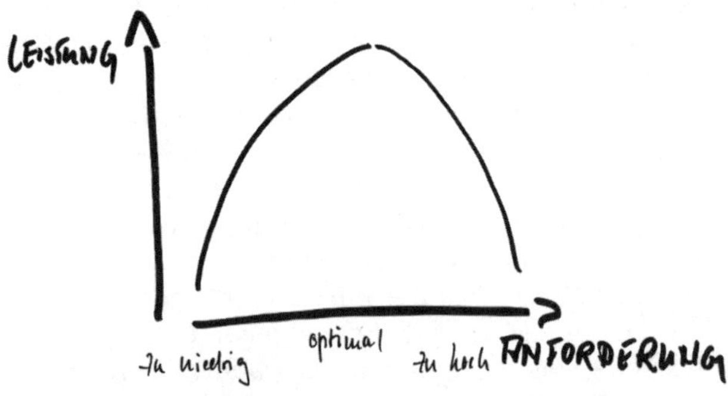

Stressarten

Werden die Anforderungen als zu hoch empfunden, entsteht Stress bis hin zur Erschöpfung. Dies ist – was leicht übersehen wird – auch dann der Fall wenn jemand „unterfordert" ist (Stress durch „Langeweile" etwa bei Arbeitslosigkeit). Der optimale Punkt ist also der, bei dem die äußeren Anforderungen (z. B. die Prüfung) und die eigene Einschätzung, diese Anforderungen bewältigen zu können (die Bewältigungskompetenz), im Gleichgewicht stehen.

Jetzt merken Sie, warum neben dem Lernen und Verstehen das **Trainieren** so wichtig ist. Nur das ständige und häufige Training der richtigen juristischen Strukturen verschafft Ihnen die notwendige Sicherheit in der (Examens-) Klausur. Diese Sicherheit verhindert das Aufkommen von negativem Stress und bewahrt Sie vor dem gefürchteten „Kolbenfresser" im Examen. Die Techniker und Ingenieure haben uns dazu ein perfektes Hilfsmittel geschaffen:

Es ist jederzeit verfügbar, unermüdlich und kostengünstig – der **Computer** als Ihr juristischer Lerntrainer!

Trainieren mit dem Computer

Fritjof Haft

Der Erste Teil hat Ihnen erläutert, wie das Lernen „funktioniert", wie Sie Ihren Kopf gezielt und effektiv zum Lernen einsetzen sollten. Jetzt werden wir einen Schritt weiter gehen: Wir zeigen Ihnen, wie Sie sinnvolle Strukturen aufbauen und beherrschen können. Das ist das „Juratraining" im eigentlichen Sinn. Damit Sie verstehen, wie Ihnen der Computer beim Lernen helfen kann, werden Ihnen die Eigenheiten des juristischen Studiums kurz verdeutlicht. Dabei werden Sie sehen, dass Sie mit den „traditionellen" Methoden längst nicht so weit kommen, wie es gerne behauptet wird. Sie werden erkennen, wie wichtig auch hier das schlichte „Training" ist und was Sie trainieren müssen. Zuletzt zeigen wir Ihnen, wie Sie dieses Training mit Hilfe des Computers und eines geeigneten Trainingsprogramms sehr effektiv gestalten können.

Die Besonderheit des Jurastudiums – gelerntes und abgefragtes Wissen passen nicht zusammen

Das Jurastudium hat seine Besonderheit. Was man Ihnen in Vorlesungen und Lehrbüchern präsentiert, ist nicht identisch mit dem, was man Ihnen im Examen abverlangt. Sie „lernen" beispielsweise, dass der Betrug ein Vermögensdelikt ist, bei dem der Täter durch Täuschung eine vermögensmindernde Schädigung bewirkt, wobei er vorsätzlich und in der Absicht der Verschaffung eines rechtswidrigen stoffgleichen Vermögensvorteils handelt. Jedes dieser Merkmale wird Ihnen detailliert erläutert. Allein mit dem Begriff des Vermögensschadens können Sie sich Stunden beschäftigen. Es gibt hier nicht nur einen Begriff, sondern gleich vier Begriffe – nämlich einen juristischen, einen ökonomischen, einen juristisch-ökonomischen und einen personalen Vermögensbegriff. All das erarbeiten Sie sich mühsam. Und was geschieht im Examen?

Dort präsentiert Ihnen der Prüfer im Strafrecht den Sketch von Loriot mit der Nudel. Ein Mann macht einer Frau eine Liebeserklärung und bemerkt dabei nicht, dass eine Nudel in seinem Gesicht klebt, auf der Nase, auf der Backe, auf der Stirn – ständig wandert sie zu neuen Stellen. Endlich hat der Mann seinen Spruch aufgesagt und wartet auf die Reaktion der Frau. „Sie haben da was!" sagt die Frau und weist auf die Nudel. Der Mann greift an seine Nase. Die Nudel fällt, ohne dass er dies bemerkt, in den soeben vom Kellner gebrachten Espresso. Dort erst bemerkt der Mann die Nudel („Unerhört") und weist den Espresso zurück. Als Kandidat sind Sie der Verzweiflung nahe. Was hat das mit Strafrecht zu tun? Der Prüfer erklärt es Ihnen: „Bei lebensnaher und vernünftiger Auslegung des Sachverhalts dreht sich der Kellner nunmehr um, fischt die Nudel mit dem Finger aus der Tasse und serviert den Espresso einem anderen Gast. Die immer noch auf die Nudel statt auf die Liebe fixierte Frau bemerkt es. Sind Kellner und Frau wegen Betruges strafbar?

Während Sie sich mit dieser Frage herumschlagen, denkt sich der öffentlich-rechtliche Kollege des Prüfers den Fall eines Kriminellen aus, der sein Leben im Gefängnis verbracht hat, weswegen er für seine Familie nicht sorgen konnte, und der wenigstens nach seinem Tode etwas für seine Lieben tun will. Da er es als Verbrecher zu einiger Prominenz gebracht hat, verfügt er, sein Leichnam solle ausgestopft und auf Jahrmärkten für Geld gezeigt werden. „Wie ist die Rechtslage?“ Wow!

Soviel Kreativität lässt natürlich auch den zivilrechtlichen Prüfer nicht unberührt. Er legt sich eine Reichsgerichtsentscheidung zurecht, in der es um Walfleisch geht, das die Parteien in einem Kaufvertrag fälschlich auf norwegisch als Haakjöringsköd bezeichnet hatten, was Haifleisch bedeutet. „Kam“, will der Prüfer wissen, „ein Kaufvertrag zustande, und wenn ja, was wurde nun eigentlich verkauft? Ein Hai oder ein Wal?“

So wird es Ihnen gehen. Das, was Sie lernen, und das, was man Ihnen im Examen abverlangt, sind zwei ganz verschiedene Dinge. Hier juristisch-ökonomischer Vermögensbegriff, dort eine Nudel. Was können Sie angesichts dieser Besonderheit tun?

Fragen wir erst einmal, was „man“ (die „herrschende Meinung“ der Studenten) zur Bewältigung dieser Besonderheit tut?

Die herkömmlichen Methoden taugen wenig zur Bewältigung dieser Besonderheit

Das Hören und Mitschreiben von „Vorlesungen“

Zunächst liegt es nahe, Vorlesungen zu besuchen und mitzuschreiben. Die meisten (nicht alle) Jurastudenten fangen auf diese Weise ihr Studium an. Im Laufe des Semesters wird ihre Zahl freilich immer kleiner. Das mag mitunter daran liegen, dass der Dozent langweilig ist, oder dass Badewetter herrscht. Das Phänomen ist aber so allgemein, dass es noch eine andere Ursache geben muss. Und es gibt sie.

Das „Eigentliche", worauf es im Recht ankommt, kann kein Dozent vermitteln – nicht einmal ich. Dieses „Eigentliche" besteht in der Fertigkeit, mit begrenzten Mitteln eine unbegrenzte Vielfalt von Fällen fachgerecht behandeln zu können. Loriots Nudelfall kommt (bislang) in keiner Vorlesung vor. Aber wenn er Ihnen begegnet, müssen Sie ihn lösen können. Wie Sie zu dieser Lösung finden, kann Ihnen kein Dozent verraten. Er kann ihnen dabei nur helfen, indem er Ihnen viele nützliche Informationen gibt (die Sie übrigens alle gedruckt lesen können – die Vorlesung wurde im Mittelalter erfunden, als es noch keine gedruckten Bücher gab; heute hat sie ihren Sinn weitgehend verloren). Aber er kann mit Ihnen kein Training veranstalten, durch das Sie die erforderlichen Fertigkeiten erwerben. Die Studenten spüren dies bald und bleiben fern. Am Horizont wartet ja eine Instanz, die Ihnen alles Nötige beizubringen verspricht – der Repetitor.

Hinzu kommt, dass der Aufbau vieler Vorlesungen wenig hilfreich ist. Im Privatrecht und im Strafrecht stehen beispielsweise Vorlesungen jeweils zum Allgemeinen Teil am Beginn des Studiums. Diese Allgemeinen Teile losgelöst von den Besonderen Teilen zu behandeln, ist aber ein Unding. Viel sinnvoller wäre es, beispielsweise im Privatrecht mit dem Sachenrecht zu beginnen. Aber das ist eine andere Geschichte.

Das Lesen von Lehrbüchern und anderen Texten

Sodann bietet es sich an, Lehrbücher zu lesen sowie Entscheidungen, Aufsätze und Kommentare zu studieren. Dabei liegt es nahe, sich Exzerpte aus den Texten etwa auf Karteikarten zu erstellen. Positiv an dieser Methode ist die Aktivität beim Lernen. Sie verwandeln fremde Gedanken in Ihre eigenen Formulierungen und machen sich das Gelesene zu eigen, etwas, was beim bloß passiven Lesen nicht geschieht. Aber es gibt einen zentralen Einwand:

Die Texte verraten Ihnen nicht, **was** Sie **wie** lernen sollen. Sie bereiten Sie nicht auf die eingangs geschilderte Situation vor. Sie vermitteln Ihnen nicht das Know-how, das Sie für die Bearbeitung von Fällen im Examen (und im späteren Berufsleben) benötigen.

Die juristischen Lehrbücher enthalten Darstellungen des Rechtsstoffes. Sie bieten Ihnen Verständniswissen. Fraglos benötigen Sie diese Grundlagen. Sie benötigen aber noch mehr, nämlich auch und vor allem Anwendungswissen. Zu den Dingen, die Sie verstanden haben müssen, treten die Dinge, die Sie können müssen. Dieses letztere Wissen, genauer, diese Fertigkeiten, erwerben Sie nicht durch das Studium von Texten. Können kommt nicht vom Lesen, sondern vom Üben. Es gibt hervorragende Bücher über das Klavierspielen. Wenn Sie diese durchgeackert haben, wissen Sie zwar, wieviele schwarze und weiße Tasten es gibt. Aber Sie können noch immer nicht den Flohwalzer mit einem Finger spielen.

Das Teilnehmen an Übungen

Nun gibt es ja noch die Übungen und Fallbesprechungen. Hier, so meinen Sie, müssen Sie doch die erforderlichen Fertigkeiten erwerben können. Schön wäre es!

In den Übungen bespricht man mit Ihnen zwar Fälle und Lösungen. Auch können Sie dort mehr oder weniger mitdiskutieren. Aber das alles bleibt weitgehend Theorie. Der Übungsleiter präsentiert Ihnen seine Lösungen, aber er lässt Sie kaum selbst trainieren. Er verhält sich wie ein Schwimmtrainer, der seinen Schützlingen erklärt, welche Armbewegungen sie machen müssen, während das Becken kein Wasser enthält.

Auch wenn der Dozent Ihnen einen Fall gibt und Sie auffordert, den Fall zu entwickeln (was nur in kleinen Gruppen möglich ist, und was auch dort nur selten geschieht), kann von Training keine Rede sein. Sie erfahren, ob Ihre Antworten richtig oder falsch sind, aber Sie erhalten nicht das Strukturgerüst, mit dessen Hilfe Sie zu richtigen oder falschen Ergebnissen finden. Die Übung bleibt auch in diesem Fall eine Oberflächenveranstaltung.

Meistens aber ist es so, dass einer, der weiß, wie es geht, vielen, die nicht wissen, wie es geht, seine Ergebnisse präsentiert. Das mag eindrucksvoll sein, hilft Ihnen aber wenig. Sie müssen vielmehr herausfinden, wie es geht. Das erfordert Training, und für Training ist in den Übungen und Fallbesprechungen kein Platz.

Das Pauken von Begriffsdefinitionen

In den Lehrbüchern werden ständig Begriffsdefinitionen gebracht. Auch sonst – in Kommentaren und Entscheidungen – wird unentwegt definiert. Das Definieren ist geradezu eine juristische Leidenschaft. Das Reichsgericht hat in seinem Urteil vom 17.03.1879 (RGZ 1, 247, 252) einmal den Begriff „Eisenbahn“ wie folgt definiert:

> *„Ein Unternehmen, gerichtet auf wiederholte Fortbewegung von Personen oder Sachen über nicht ganz unbedeutende Raumstrecken auf metallener Grundlage, welche durch ihre Konsistenz, Konstruktion und Glätte den Transport großer Gewichtmassen, beziehungsweise die Erzielung einer verhältnismäßig bedeutenden Schnelligkeit der Transportbewegung zu ermöglichen bestimmt ist, und durch diese Eigenart in Verbindung mit den außerdem zur Erzeugung der Transportbewegung benutzten Naturkräften (Dampf, Elektricität, thierischer oder menschlicher Muskelthätigkeit, bei geneigter Ebene der Bahn auch schon der eigenen Schwere der Transportgefäße und deren Ladung, u. s. w.) bei dem Betriebe des Unternehmens auf derselben eine verhältnismäßig gewaltige (je nach den Umständen nur in bezweckter Weise nützlich, oder auch Menschenleben vernichtende und die menschliche Gesundheit verletzende) Wirkung zu erzeugen fähig ist."*

Ludwig Reiners nahm dies zum Anlass, den Begriff „Reichsgericht" zu definieren:

> *„Ein Reichsgericht ist eine Einrichtung, welche eine dem allgemeinen Verständnis entgegenkommen sollende, aber bisweilen durch sich nicht ganz vermeiden lassende, nicht ganz unbedeutende bzw. verhältnismäßig gewaltige Fehler im Satzbau auf der schiefen Ebene des durch verschnörkelte und ineinandergeschachtelte Perioden ungenießbar gemachten Kanzleistils herabrollende Definition, welche eine das menschliche Sprachgefühl verletzende Wirkung zu erzeugen fähig ist, liefert."*

Definitionen gehören zum Design des Juristen. (Wenn man sich dazu in einen Dreiteiler oder in ein Businesskostüm wirft, mit einem Aktenköfferchen herumläuft und am Handy wichtige Gespräche führt, ist der Eindruck eines Erfolgsanwalts perfekt.)

Natürlich bringt das unentwegte Definieren viele Studenten zu dem Bemühen, die Lehrbuchdefinitionen sämtlich auswendig lernen. Also pauken sie: Eine Sache ist ein körperlicher Gegenstand. Heimtücke ist die Ausnutzung der Arglosigkeit und Wehrlosigkeit in feindseliger Willensrichtung. Der Begriff öffentliche Sicherheit umfasst den Schutz zentraler Rechtsgüter wie Leben, Gesundheit, Freiheit, Ehre, Eigentum und Vermögen des Einzelnen sowie die Unversehrtheit der Rechtsordnung und der staatlichen Einrichtungen...

Aber auch diese Lernmethode funktioniert nicht. Dazu ist die Zahl der Rechtsbegriffe viel zu groß. Der Mensch ist kein wandelndes Begriffslexikon. Von ganz wenigen Definitionen abgesehen, die sich durch die pure Häufigkeit ihrer Anwendung einprägen („Wegnahme ist der Bruch fremden und die Begründung neuen Gewahrsams"), gelingt dieses „Pauken" nicht. Wenn es darauf ankommt, versagt Ihr Gedächtnis. Die aufgewendete Mühe und Zeit sind verloren.

Diese Lernmethode sollten Sie daher **nicht** anwenden.

Das Lernen von Rechtsproblemen

Überall dominieren die Probleme. Ein bekanntes Zivilrechtslehrbuch beginnt mit einem Fall, in dem eine alte Dame ihren Dackel zum Erben einsetzen möchte („Geht das?"). Ein klassischer Strafrechtsfall besagt, dass jemand aufstapft, um die Antipoden in Australien in die Luft zu sprengen („Ist der Mensch wegen Versuchs strafbar?"). Die beiden einzigen BGH-Entscheidungen zur Sachbeschädigung betreffen die Fälle des unbefugten Plakatierens und des Luftablassens aus Autoreifen (letzteres „. . .fernab von einer Tankstelle"). Nirgendwo geschieht etwas Normales. Eingeworfene Fensterscheiben, abgeknickte Autoantennen, aufgeschlitzte Sitze in der U-Bahn – solch normale Sachbeschädigungen werden in Vorlesungen und Lehrbüchern nicht einmal erwähnt, geschweige denn behandelt. Statt dessen bringen die Täter dort dem Papagei einer alten Dame unanständige Schimpfwärter bei, während andere Täter Uhren in ihre Teile zerlegen und wieder andere Wanzen in einem Hotelzimmer aussetzen. Probleme, wohin Sie schauen. Das Bemühen, die Probleme zu lernen, erscheint da geradezu zwingend. Entsprechend verhalten sich viele Jurastudenten. Sie mühen sich darum, alle – oder doch die wesentlichen (was immer das heißen mag) – Probleme zu lernen.

Auch diese Lernmethode hat einen kleinen Schönheitsfehler. Sie funktioniert nicht. Zahl und Art der „Probleme" sind nämlich unendlich groß, während das menschliche Gedächtnis nur begrenzt leistungsfähig ist. Der Mensch ist keine Datenbank.

Nur sehr selten wird Ihnen ein gelerntes „Problem" wiederbegegnen. Dann stehen Sie vor einem weiteren, viel größeren „Problem". Wie lautet die Lösung? Nehmen wir an, Sie haben den Fall Rose-Rosahl „gelernt" („Bauer Rose schickt den Knecht Rosahl zum Töten eines Gläubigers des Rose. In der Dämmerung hält Rosahl den Schüler Harnisch irrig für den Gläubiger und erschießt ihn.") Zur problematischen Strafbarkeit des Hintermannes Rose (beim

Vordermann Rosahl liegt ein weitgehend unproblematischer error in persona vor) gibt es eine reichhaltige Kombinatorik der denkbaren Lösungsmöglichkeiten. Versuchte Anstiftung, sagen die einen, Anstiftung zum Versuch die anderen, Anstiftung zur Vollendung wieder andere, wobei man jeweils zwischen dem Gläubiger und dem Schüler differenzieren muss. Wollen Sie wirklich versuchen, dies alles zu „lernen"?

Das Durchackern von Entscheidungen

Im deutschen Recht spielen Präzedenzfälle nicht dieselbe Rolle wie im angelsächsischen Case Law. Aber auch bei uns müssen Sie sich mit den Entscheidungen der Gerichte auseinandersetzen. Viele Studenten schwören deshalb auf das Lernen von Entscheidungen. Man müsse, so meinen sie, möglichst viele Gerichtsentscheidungen, vor allem solche der Obergerichte, durchackern, und man müsse sich das Wesentliche einprägen.

Eine einzige Zahl mag Ihnen zeigen, wie hoffnungslos auch dieses Unterfangen ist. In der juris Fach-Datenbank Rechtsprechung des BGH sind mehr als 58.000 Entscheidungsnachweise und -texte des Bundesgerichtshofs seit 1950 enthalten. Wenn Sie am Tag nur zehn Entscheidungen durcharbeiten, haben Sie nach einem Jahr (das Jahr gerechnet zu 300 Arbeitstagen) 3.000 Entscheidungen bewältigt. Nach vier Jahren oder acht Semestern sind Sie bei der Zahl 12.000 angelangt. Aber davon haben Sie 11.980 Entscheidungen wieder vergessen. Der Mensch kann nicht mit einer juristischen Datenbank konkurrieren. Und diese Rechnung betrifft nur ein einziges Obergericht.

Zu jedem einigermaßen realistischen Rechtsproblem gibt es mehrere Entscheidungen. Selbst die im vorigen Abschnitt erwähnte exotische Fallkonstellation des Falles Rose-Rosahl behandeln eine Entscheidung des preußischen Obertribunals aus dem Jahre 1859 und eine Entscheidung des BGH aus dem Jahre 1990. Und wenn es einmal keine Gerichtsentscheidungen gibt, sprießt die Phantasie der Autoren. Den grob unverständigen Versuch des § 23 Abs. 3 StGB hat noch kein real existierender Straftäter fertig gebracht. Das hindert die Autoren nicht, Leute zu ersinnen, die versuchen, ein Passagierflugzeug der Lufthansa mit einem Luftgewehr abzuschießen.

Wenn Sie vom Mengenproblem bei den Entscheidungen absehen, kommt erschwerend hinzu, dass juristische Entscheidungen sich nicht „lernen" lassen. Dazu sind sie viel zu sperrig und zu komplex. Nehmen Sie eine beliebige Entscheidung des Bundesverfassungsgerichtes zur Hand, versuchen Sie diese zu „lernen", und testen Sie, was Sie davon nach einer Woche noch wissen.

Das Schreiben von Klausuren

Die „herrschende Meinung" unter den Studenten hält das Schreiben von Klausuren für einen wesentlichen Teil des Lernens. Manche sagen, man müsse fünfzig (oder hundert) Klausuren geschrieben haben, dann sei man fit für das Examen.

Daran ist richtig, dass Sie für den Ernstfall proben sollten. Daran ist aber falsch, dass Sie beim Klausurenschreiben etwas lernen können. Klausuren sind Tests, nicht mehr und nicht weniger. Sie zeigen Ihnen, wo Sie stehen. Sie führen Sie aber nicht ans Ziel.

Es kommt hinzu, dass die Korrekturen selbst bei größter Sorgfalt des Korrekturassistenten (an der es mitunter mangelt) stets unzureichend sind. Die Korrektoren können Ihnen nur einen Bruchteil der Informationen an den Rand schreiben, die zur Selbsterkenntnis erforderlich wären. Sie sind zudem auf die Inhalte, speziell auf die Probleme des jeweiligen Falles programmiert. Kommen die „Probleme" (gleichgültig wie), geben sie Pluspunkte, kommen sie nicht, vergeben sie Minuspunkte. Sie schauen, ob der Erlaubnistatbestandsirrtum erkannt ist und ob die Abgrenzung zwischen Raub und Räuberischer Erpressung (einigermaßen) gelungen ist. Sie achten aber nicht darauf, ob Ihr Klausurenmanagement gelungen ist, ob Ihre Gliederung etwas taugt, ob Sie die beiden Stilarten Feststellungsstil (für Unproblematisches) und Gutachtenstil (für Probleme) richtig verwendet haben, ob Ihre Gewichtungen stimmen, ob Ihre Darstellung ansprechend und überzeugend ist. Dies führt dazu, dass klassische Fehler wie das seitenlange Abschreiben von Gesetz und Sachverhalte nicht gerügt werden. Sie bemerken deshalb diese Fehler nicht, sondern meinen im Gegenteil, auf diese Weise müssten Sie die Klausuren schreiben. Durch ständige Wiederholung verfestigen sich Ihre Fehler. Die Quittung dafür bekommen Sie im Examen.

Die Grenzen der herkömmlichen Übungen

An den Rechtsfakultäten finden so genannte Übungen statt. Leider sind das keine „Übungen". Es werden Fälle ausgegeben, und der Dozent teilt den Zuhörern mit, wie er die Fälle lösen würde. Bedauerlicherweise kann er ihnen nicht mitteilen, wie sie selbst die Fälle lösen sollen.

Im Team lernen

Das Lernen im Team bringt einige Fortschritte. Aber es birgt die Gefahr, das Zerreden von Problemen mit dem Lösen von Aufgaben zu verwechseln. Im Zeitalter der Talkmaster im Fernsehen kann man dieser Gefahr kaum entgehen.

Am Horizont: Der Repetitor

Alle genannten Mängel beunruhigen die Studenten nicht. Denn am Horizont jenseits des vierten oder fünften Semesters lockt ja der Repetitor. Er verspricht, alles auszubügeln, was im Studium misslungen ist, so, wie er das schon für frühere Generationen getan hat.

Aber auch der Repetitor kocht nur mit Wasser. Er kann die genannten Mängel nicht wirklich beheben. Er vereinfacht lediglich manche Dinge und hat meist einen höheren Unterhaltungswert als die Universitätsdozenten. Beides lässt er sich teuer bezahlen.

So what?

Lernen und Trainieren

Zwischen Lernen und Trainieren besteht ein Unterschied.

Lernen heißt, Zusammenhänge verstehen und Fachwissen erwerben. Trainieren heißt dagegen, Know-how erwerben. Beides sind ganz verschiedene Dinge. Ich will den Unterschied an Beispielen deutlich machen.

Im Strafrecht müssen Sie die Straftheorien, also die Lehren, die sich um eine Sinngebung der Strafe bemühen, „lernen". Dazu müssen Sie die historischen Entwicklungen kennenlernen und die geistigen Strömungen verstehen, die dazu geführt haben, dass man absolute und relative Straftheorien entwickelt hat. Sie müssen die Grundgedanken und Ausprägungen dieser Lehren erfassen und müssen sich kritisch damit auseinandersetzen. Gleiches gilt im Strafrecht für das Verhältnis von Unrecht und Schuld. Sie müssen „lernen", dass diese Struktur historisch aus der Zurechnungslehre des 18. Jahrhunderts entstanden ist und ein Modell bietet, um die Straftat systematisch erfassen zu können.

Im Unterschied dazu müssen Sie das Aufbauscheme „Unrecht vor Schuld" samt seinen Verästelungen anhand von Fällen „trainieren". Wenn ein Zwölfjähriger kriminell wird, dürfen Sie eben nicht mit seiner Schuldunfähigkeit beginnen. Das wäre laienhaft. Sie müssen vielmehr mit der Feststellung beginnen, dass er Unrecht getan hat. Erst dann gehen Sie auf seine Schuldunfähigkeit ein. Gleiches gilt für den Einstieg in etwaige Rechtfertigungsgründe. Es gibt hier zwei verschiedene Grundsituationen (Situation des weichenden Interesses und Situation des überwiegenden Interesses), die Sie in einer vorgegebenen Reihenfolge prüfen müssen. Wenn etwa ein Arzt einem Unfallopfer mit unzureichenden Mitteln erste Hilfe leistet und dabei ein Schaden eintritt, ist dies ein Fall der Situation des weichenden Interesses, weshalb mutmaßliche Einwilligung und nicht rechtfertigender Notstand zu prüfen ist. So etwas müssen Sie „trainieren". Sie können es nicht „lernen", denn der nächste Fall wird wieder ganz anders aussehen.

Die meisten Lehrbücher lassen Sie bei dieser grundlegenden Unterscheidung im Stich. Sie sagen Ihnen nicht, was Sie „lernen" und was Sie „trainieren" müssen. Das Stichwort „Training" kommt darin nicht einmal vor.

Sie können die Lehrbücher nicht neu schreiben. Sie müssen selbst herausfinden, wann das eine und wann das andere angebracht ist.

In diesem Buch behandle ich nur das Trainieren.

Die sieben juristischen Basisfertigkeiten, die Sie traininereN müssen

Überblick

Training ist das halbe Leben.

Ohne Training können Sie keine Sportart ausüben. Ohne Training können Sie kein Auto fahren. Ohne Training können Sie kein Musikinstrument spielen.

Auch das Jurastudium gehört zu den Bereichen, in denen Training unerlässlich ist. Nur durch Training können Sie hier die Fertigkeiten erwerben, die Sie für die Lösung von Fällen benötigen. Diese Erkenntnis war früher allgemein vorhanden. Man sprach von Jurisprudenz – von Rechts-"klugheit", und bezeichnete damit die Fertigkeit, Rechtsfälle nach Gesetz und Recht zu lösen. Im frühen 19. Jahrhundert wurde die Jurisprudenz freilich durch die Rechts-„wissenschaft" abgelöst. Seitdem wird im Jurastudium der Eindruck erweckt, es gehe primär darum, Wissen zu erwerben. Aber ohne Fertigkeiten ist alles Wissen nichts. Mit der Wissensexplosion unserer Zeit, die auch das Recht erfasst hat, werden Fertigkeiten sogar zunehmend wichtiger.

Dies will ich zunächst an den Basisfertigkeiten zeigen, die der eigentlichen juristischen Tätigkeit gewissermaßen vorausliegen. Anschließend will ich die eigentlichen juristischen Fertigkeiten behandeln und aufzeigen, was der Computereinsatz dabei leisten kann.

Geschichten in Sachverhalte übersetzen

Sie befinden sich im schriftlichen Examen. Vor Ihnen liegt ein zweiseitiger Sachverhalt. Er beginnt wie folgt:

„Peter Panter und Theobald Tiger befinden sich wieder einmal in Geldschwierigkeiten. Sie sitzen in ihrer Lieblingskneipe „Zum goldenen Löffel" und beklagen ihr Los. Der am Nebentisch sitzende Ignaz Wrobel hört zufällig ihr Gespräch mit an und mischt sich mit dem Vorschlag ein, einen Geldtransport zu überfallen... „ (folgen Details der Planung und Ausführung des Überfalls).

Das ist eine Geschichte. Um sie bearbeiten zu können, müssen Sie daraus einen juristisch prüfbaren Sachverhalt machen.

Dazu entfernen Sie zunächst im Kopf alle irrelevanten Details. Dazu gehören die Namen, die Sie mit „P", „T" und „W" abkürzen. Auch der Kneipenname „Goldener Löffel" ist völlig irrelevant, ebenso die Tatsache, dass die Planung in einer Kneipe stattfindet. Anders wäre es nur, wenn die drei im alkoholisierten Zustand loslegen würden (§§ 20, 21 StGB? Actio libera in causa? § 323 a StGB?). Aber darauf gibt der Aufgabentext keinen Hinweis.

Sodann bringen Sie die Ereignisse in die richtige Reihenfolge. Im Strafrecht gilt der Grundsatz „Objektiver Tatbestand vor subjektivem Tatbestand". Also schauen Sie sich an, was die Beteiligten wirklich getan haben. Erst danach kommt der zugrunde liegende Plan. (Im wirklichen Geschichtenleben ist es umgekehrt.) Natürlich haben unsere Protagonisten den falschen Transporter überfallen, in welchem sich statt Geld nur Gemüsekisten befinden (in Examensklausuren läuft nichts so, wie sich die Beteiligten das denken). Wiederum kommt es auf die Reihenfolge „Objektiv vor Subjektiv" an. In Irrtumsfällen prüfen Sie grundsätzlich erst das, was objektiv geschehen ist, und erst anschließend die subjektiven Vorstellungen der Beteiligten. Der Überfall ist auch noch schief gegangen, weil der Fahrer des Gemüsetransporters sich von den Tätern nicht hat beeindrucken lassen und einfach weitergefahren ist. Jetzt müssen Sie ausnahmsweise die genannte Reihenfolge umkehren und „Subjektiv vor Objektiv" prüfen. Das ist so beim Versuch und zugleich bei der (echten arbeitsteiligen) Mittäterschaft.

Mit der Arbeit am Sachverhalt beginnt jede Falllösung. Auch im späteren Beruf ist das so. Der Mandant kommt zum Anwalt und erzählt diesem eine Geschichte. Der Anwalt muss diese in einen Sachverhalt umwandeln, ehe er den Mandanten beraten kann.

Ein gutes Hilfsmittel ist es, den Fall zu „malen". Das Recht hat es immer mit Ereignissen zu tun, die sich zwischen verschiedenen Menschen in Bezug auf irgendwelche Gegenstände abspielen. Wenn Sie das skizzieren, verringern Sie die Gefahr, Sachverhaltsfehler zu begehen – die ärgerlichsten aller Fehler.

Nicht selten lässt Sie der Aufgabenverfasser im Stich. Sie lesen etwa im Text: „T ist in die Wohnung des O eingedrungen, um dort zu stehlen. Als er gerade im

Begriff ist, einen meterhohen Silberleuchter in seine mitgebrachte Tasche zu stecken, geht die Tür auf und der ahnungslose O betritt die Wohnung. Ehe O ihn bemerkt, packt T den schweren Silberleuchter und schlägt diesen mit voller Wucht dem O auf den Kopf..." Nun hätten Sie gerne gewusst, ob T mit Tötungsvorsatz gehandelt hat, aber davon steht nichts in der Aufgabe.

In solcher Lage dürfen Sie nicht etwa alternative Lösungen mit Hilfsgutachten anbieten. Stellen Sie sich einen Strafrichter vor, der so etwas täte („Einerseits wird der Angeklagte wegen Mordes verurteilt, andererseits wegen Räuberischen Diebstahls mit Todesfolge..."). Sie müssen sich entscheiden. Dazu müssen Sie den Sachverhalt „vernünftig und lebensnah" auslegen – und das müssen Sie dann in der Klausur auch klar und deutlich sagen. Wie sieht wohl Ihre Antwort auf die Vorsatzfrage aus, wenn Sie einem Fall „vernünftig und lebensnah" auslegen, in dem jemand einen „meterhohen, schweren Silberleuchter" seinem Opfer „ mit voller Wucht auf den Kopf" schlägt?

Geschichten in Sachverhalte übersetzen – das ist die erste Fertigkeit, die Sie eintrainieren müssen.

Fälle systematisch bearbeiten

Sie befinden sich im mündlichen Examen. Der Prüfer im Strafrecht gibt Ihnen folgenden Fall: „T stürmt mit dem Ruf „Geld oder Leben" in eine Bank. Der Kassierer O wählt das Leben, indem er den Alarmknopf drückt. T erschießt O, rafft Geldscheine zusammen und flieht. Wie hat sich T strafbar gemacht."

Sie fangen an: T könnte sich wegen Raubes strafbar gemacht haben. Dazu müsste er nach § 249 StGB..."

Der Prüfer unterbricht Sie – was wird er wohl an Ihrer Antwort zu kritisieren haben?

Sie meinen vielleicht, er werde kritiseren, dass Sie nicht sofort auf den schwerer wiegenden Tatbestand des Mordes zugesteuert sind?

Nein, das wird er nicht kritiseren. Er wird vielmehr bemängeln, dass Sie nicht systematisch vorgegangen sind.

Systematisch vorgehen heißt hier, zunächst einmal alle in Betracht kommenden Tatbestände zu sammeln, diese dann zu ordnen und schließlich die einzelnen Tatbestände in der richtigen Reihenfolge zu prüfen. Bei jedem dieser Schritte will der Prüfer wissen, wie Sie dabei vorgehen.

Richtig ist also folgendes Vorgehen (wobei sie laut denken sollten):

„Ich überlege, welche Tatbestände in Betracht kommen. Spontan fallen mir ein Totschlag, Mord (Habgier), Raub, Räuberische Erpressung... Wenn ich systematisch über das Inhaltsverzeichnis des StGB suche, werde ich wahrscheinlich noch weitere Tatbestände finden. Soll ich danach suchen?"

„Nein", wird der Prüfer antworten. „Sie haben die wesentlichen Tatbestände gefunden." (Abschluss der Phase des zunächst spontan, dann systematisch durchgeführten Sammelns) „Fahren Sie fort!"

„Nunmehr ordne ich die Tatbestände. Die Tötungsdelikte wiegen schwerer als die Eigentums- und Freiheitsdelikte. Ich beginne also mit dem Totschlag als dem Grunddelikt, prüfe anschließend den Mord und prüfe dann die §§ 249, 255, wobei ich mit dem enger gefassten Raub beginne und danach etwaige Qualifikationstatbestände behandle."

„Sehr schön", lobt Sie der Prüfer (Abschluss der Phase des Ordnens).

„Totschlag, § 212 Abs 1, liegt unproblematisch vor. . ." (Beginn der Ausführung des Prüfprogramms)

Dieses systematische Vorgehen muss Ihnen in Fleisch und Blut übergehen. Stets müssen Sie zunächst Ihr Prüfungsprogramm komplett aufzeigen, ehe Sie etwas prüfen. Das gilt für jede Ebene der Dogmatik. Nehmen wir an, Sie prüfen im Beispiel den Mord. Das geht so:

„Ich prüfe § 211 StGB. Zunächst kommt wie stets der objektive, dann der subjektive Tatbestand. Der objektive Tatbestand des § 211 Abs. 2 besteht aus drei Gruppen von Mordmerkmalen. Die erste Gruppe kennzeichnet das „Woher", die zweite das „Wie" und die dritte das „Wozu". Im vorliegenden Fall kommen sowohl die erste als auch die dritte Gruppe in Betracht. Die erste enthält die niedrigen Beweggründe. Von diesen kommt Habgier in Betracht. Die dritte Gruppe enthält zwei Varianten, nämlich die Verdeckungsabsicht und die Ermöglichungsabsicht. Hiervon kommt im vorliegenden Fall die Ermöglichungsabsicht in Betracht."

Sie werden vielleicht einwenden, dies sei sehr umständlich. Das ist es auch. Als Jurist müssen Sie sogar ein Umstandskrämer sein, ehe Sie Ihre genialen Fähigkeiten zeigen dürfen. Bitte überlegen Sie am eben behandelten Beispiel des Mordes, warum das so ist.

— Pause —

Es ist so, weil der Mordtatbestand hier völlig problemlos verwirklicht ist. Wenn Sie sich damit begnügen, das festzustellen, gewinnen Sie kein Prädikat. Wenn Sie dagegen systematisch vorgehen, zeigen

Sie, dass Sie diese elementare Fertigkeit beherrschen. Außerdem demonstrieren Sie, dass Sie die Struktur des § 211 StGB kennen. Das sind zwei Pluspunkte.

Also lösen Sie Fälle systematisch.

Gesetze lesen

In der Schule haben Sie Lesen und Schreiben gelernt. Damit, so meinen Sie, könnten Sie auch Gesetze lesen. Das ist leider ein Irrtum. Sie können zwar den Wortlaut lesen, aber das genügt nicht. Gesetze haben eine innere Struktur, und Sie müssen die Fertigkeit einüben, diese Struktur bei der Lektüre herauszupräparieren und genau diejenige Variante des Gesetzes zu kennzeichnen, die Sie angesichts eines Sachverhaltes prüfen müssen.

In Ihrer Klausur steht: „Vormund T verspielt das Vermögen des Mündels O in der Spielbank." Sie denken an Untreue und schlagen § 266 StGB auf. Was müssen Sie nun tun?

Sie müssen den Tatbestand richtig lesen. Untreue ist eine komplizierte Vorschrift, die nicht weniger als zehn verschiedene Varianten enthält. Diese beherrschen Sie, indem Sie zunächst die beiden Hauptvarianten (Missbrauchstatbestand – von „durch Gesetz" bis „verletzt" und Treubruchstatbestand – von „die ihm" bis „verletzt") unterscheiden. Dann prüfen Sie (systematisch – siehe oben), welche Untervarianten jeweils in Betracht kommen. Und zwar tun Sie das bereits dann, wenn Sie den Tatbestand erstmals lesen, nicht etwa erst später während dessen Prüfung.

Um das Ergebnis festzuhalten, brauchen Sie eine geeignete Zitiertechnik. Die Fertigkeit, diese anzuwenden, müssen Sie ebenfalls trainieren. Es genügt nicht, hinzuschreiben „§ 266" (und überflüssig ist es, das Wort „Untreue" hinzuzufügen – der Prüfer kennt den Tatbestand). Richtig ist es dagegen, hinzuschreiben „§ 266 I (=Absatz), Missbrauchstatbestand (= Var. 1), behördlicher Auftrag, verfügen".

Nehmen Sie ein anderes Beispiel. In Ihrer Klausur steht: „M liebt die F, weil er irrig glaubt, die F habe eine Erbschaft gemacht. Auf sein Drängen nach dem Geld erfindet die verzweifelte F eine Geschichte, derzufolge ihr Onkel O als ihr Vormund eingesetzt worden sei und das Geld für sich verbraucht habe. M fordert sie auf, deswegen bei der Polizei Anzeige gegen O zu erstatten, und F folgt der Aufforderung..." Sie haben den Tatbestand der Falschen Verdächtigung, § 164 StGB, gefunden. Nehmen Sie eine Stoppuhr und messen Sie die Zeit, die Sie für eine korrekte Zitierung benötigen. Verbessern Sie Ihr Limit durch Training.

Durch dieses Training ersparen Sie sich (und dem Prüfer) Sätze von der folgenden Art:

„Dadurch, dass die M ein Schreiben an die Polizeibehörde in X-Stadt gerichtet hat, demzufolge ihr Onkel und Vormund O sie um ihr Erbe gebracht habe (= unnötige Wiederholung des Sachverhaltes), könnte sie sich nach § 164 StGB wegen Falschverdächtigung (=überflüssige und übrigens falsche Bezeichnung des Tatbestandes) strafbar gemacht haben. Dazu müsste sie den Tatbestand verwirklicht haben (= überflüssig). Falsche Verdächtigung begeht, wer einen anderen bei einer Behörde oder einem zur Entgegennahme von Anzeigen zuständigen Amtsträger oder militärischen Vorgesetzten oder öffentlich wider besseres Wissen einer rechtswidrigen Tat oder der Verletzung einer Dienstpflicht in der

Absicht verdächtigt, ein behördliches Verfahren oder andere behördliche Maßnahmen gegen ihn herbeizuführen oder fortdauern zu lassen" (= überflüssiges und übrigens unvollständiges, da Absatz 2 fehlt, Abschreiben des Gesetzes)."

Messen Sie mit Ihrer Stoppuhr, wieviel Zeit Sie mit derartiven Sätzen vergeuden, die nichts bringen, und die kein Prüfer lesen mag.

Wahrscheinlich haben Sie zu Beginn Ihres Jurastudiums gelernt, dass man es so machen müsse. Das ist zwar richtig. So muss man es auch machen – aber nur im Kopf. Keinesfalls darf man das so hinschreiben.

Sachverhalte unter Tatbestände Subsumieren

Das Subsumieren eines Sachverhaltes unter ein Gesetz ist das tägliche Brot des Juristen. Es sollte daher in Fleisch und Blut übergegangen sein. Erstaunlicherweise wird es jedoch so gut wie von keinem Examenskandidaten beherrscht. Trainieren Sie die dazu erforderlichen Fertigkeiten, und Sie werden den Prüfer in Erstaunen, ja, in Entzücken versetzen.

Ihr Ausgangspunkt: Sie haben es mit zwei verschiedenen Formulierungen zu tun, einer abstrakten im Gesetz und einer konkreten im Sachverhalt. Im Gesetz steht „Bande" und im Aufgabentext heißt es: „A und B gehen regelmäßig zum Stehlen..."

In solcher Lage gibt es stets zwei Möglichkeiten. Die erste, problemlose Möglichkeit: Ihr Sachverhalt entspricht genau dem, was im Gesetz steht. Dann haben Sie es mit einem Normalfall zu tun. Im Gesetz steht „Habgier" und im Sachverhalt steht „T erschießt den O, um dessen Geld an sich zu nehmen." Das ist ohne jeden Zweifel „Habgier“ und Sie stellen dieses Ergebnis ohne jedes Wort der Begründung fest („T hat das Merkmal Habgier verwirklicht“). Alles andere wäre wunderlich und töricht. Woran Sie den Normalfall erkennen? Nun, Sie brauchen sich nur zu fragen, was der Gesetzgeber gemeint hat, als er den fraglichen Paragraphen schuf. Der Gesetzgeber denkt so gut wie nie an die Probleme, die in Studium und Examen (nicht aber im wirklichen Leben) dominieren. Der Gesetzgeber hat vielmehr bestimmte typische Erscheinungen vor Augen, die er regeln möchte. Der Gesetzgeber ist ein Fan des Normalfalles, und Sie tun gut daran, ihm hier zu folgen.

Vielleicht wenden Sie ein, in Ihrer Klausur sei der sog. Urteilstil doch verpönt. Das ist richtig. Im Urteilstil stellen Sie ein Ergebnis fest und begründen es anschließend. So geht der Richter vor. Im Examen ist diese Vorgehensweise zu Recht verpönt. Ehe ein Urteil gefällt wird, muss ja ein Gutachten erstellt wird. Problemloses zu begutachten ist freilich wenig sinnvoll. Deshalb rate ich in solcher Lage zum **Feststellungsstil**. Er unterscheidet sich vom Urteilstil dadurch, dass kein Wort der Begründung fällt. Sie begnügen sich mit einer schlichten Feststellung, z. B. „Das Buch ist eine Sache.“ Sobald Sie hinzufügen „...weil es ein körperlicher Gegenstand ist“, verfallen Sie in den Urteilstil und fangen sich zu Recht einen Minuspunkt ein.

Die zweite, problematische Möglichkeit: Ihr Sachverhalt entspricht nicht genau dem, was im Gesetz steht, ist dem Normalfall aber mehr oder weniger ähnlich. Im Gesetz steht „Habgier“ und im Sachverhalt steht „T erschießt die von ihm geschwängerte O, um für das erwartete Kind keinen Unterhalt zahlen zu müssen.“ Das ist ersichtlich nicht der Normalfall der Habgier. Jetzt – und nur jetzt – müssen Sie den Aufwand eines Gutachtens treiben. Dazu müssen Sie sechs Dinge tun:

Erstens, Sie müssen feststellen (schreiben oder sagen), dass das Merkmal problematisch ist („Zweifelhaft ist, ob T das Merkmal „Habgier" verwirklicht hat").

Zweitens, Sie sollten das Merkmal anhand eines Normalfalles konkretisieren (oder definieren) („Habgier ist – dies zeigt das Beispiel des Raubmordes (= Normalfall) – das Streben nach Mehrung des Vermögens").

Drittens, Sie können nun das Problem lokalisieren („Im vorliegenden Fall liegt zwar ein Streben vor, doch strebte T nicht nach Mehrung seines Vermögens, sondern nach dessen Bewahrung vor einer Minderung").

Viertens, Sie haben nun die Basis geschaffen, um prüfen zu können, ob die Abweichung Ihres Problemfalles vom Normalfall wesentlich ist oder nicht (Zwischen beiden Bestrebungen besteht kein ((alternativ: ein)) wesentlicher Unterschied. ((folgen Ausführungen hier kommt der Genieteil Ihres Examens, in dem die hohen Punkte verdient werden))").

Fünftens, Sie müssen unbedingt Ihr bis jetzt gewonnenes vorläufiges Ergebnis an Ihrem Rechtsgefühl überprüfen und gegebenenfalls korrigieren („Dieses Ergebnis entspricht auch ((alternativ: widerspricht aber) dem Rechtsgefühl. ((folgen gegebenenfalls Ausführungen und eine Änderung der Entscheidung)).

Sechstens, Sie dürfen nicht vergessen, das Ergebnis deutlich mitzuteilen („T hat das Merkmal „Habgier" ((alternativ: nicht)) verwirklicht").

Sie sehen, ein solches Gutachten erfordert einen erheblichen Aufwand. Diesen Aufwand dürfen Sie nur da betreiben, wo er wirklich nötig ist. Überflüssig und schädlich sind daher etwa folgende Ausführungen:

„T hat ein Buch entwendet. Das Buch könnte eine Sache sein. Sachen sind körperliche Gegenstände. Das Buch ist körperlich. Es ist auch ein Gegenstand. Also ist es eine Sache." Dass ein Buch eine Sache ist, folgt nicht aus der Definition des Sachbegriffes. Vielmehr wurde der Sachbegriff umgekehrt gebildet, um solche Dinge wie Bücher erfassen zu können. (Wir sind hier am Universalienstreit des Mittelalters angelangt, wollen den Streit aber nicht erneut austragen. Nur soviel: Die Nominalisten hatten Recht.

Die meisten Probleme sind Abweichungen von einer gesetzlich (oder dogmatisch) geregelten Normalität. Daneben gibt es noch einen zweiten, seltenen Problemtyp: Sie haben einen Normalfall, aber Ihr Rechtsgefühl weigert sich, dies anzuerkennen. So liegt es beispielsweise in Tötungsfällen, in denen das Merkmal Heimtücke an sich verwirklicht ist, das Rechtsgefühl sich aber weigert, einen Mord anzunehmen. Ein Beispiel bietet der Arzt, der einen unheilbar kranken und leidenden Patienten aus Mitleid tötet. Dann müssen Sie die Besonderheit des Falles herausarbeiten und nach einer Lösung suchen, die Ihrem Rechtsgefühl Rechnung trägt.

In (gottlob seltenen) Fällen gibt es freilich auch die Möglichkeit, dass ein Normalfall nicht existiert. Im Tatbestand des Computerbetruges, § 263 a StGB, finden Sie beispielsweise die Tatvariante der sonstigen unbefugten Einwirkung auf den Ablauf eines Datenverarbeitungsvorgangs. Der Gesetzgeber wollte hier zusätzlich zu den zunächst beschriebenen Handlungsvarianten (unrichtige Gestaltung des Programms, Verwendung unrichtiger oder unvollständiger Daten und unbefugte Verwendung von Daten) Manipulationen erfassen, die er nicht gesehen hatte, aber für künftig möglich hielt und die nicht schon unter die genannten Varianten fielen. In solchen Fällen brauchen Sie nicht klüger zu sein als der Gesetzgeber. Wenn in Ihrer Klausur ein frustrierter Programmierer mit der Schrotflinte auf den Computer schießt, dann folgen Sie einfach Ihrem Rechtsgefühl und entscheiden Sie freihändig.

Trainieren Sie also die Fertigkeit des Subsumierens!

Nun werden Sie vielleicht das Stichwort „Auslegung" vermissen. Vergessen Sie dieses Stichwort. Auch wenn es in den meisten Lehrbüchern anders steht: Gesetze werden nicht ausgelegt, sondern angewendet. Die Hermeneutik des 19. Jahrhunderts hat es uns heute nicht mehr zu bieten.

Sprachliche Werkzeuge benutzen

Es gibt Dinge, die immer wieder vorkommen. Sie müssen Gesetze zitieren, Normalitäten feststellen, Probleme behandeln, Wegweiser aufstellen, Ergebnisse formulieren. Hierfür sollten Sie sich einen Vorrat fester Formulierungen, gewissermaßen einen Werkzeugkasten zurechtlegen, aus dem Sie ohne Nachdenken fertige Sprachtools entnehmen können. Das erfordert natürlich Training – also trainieren Sie auch dies.

Wichtig ist dabei, nicht das Falsche zu trainieren. Hüten Sie sich vor Fehlformulierungen, auch wenn diese weit verbreitet sind. Man kann sich auch schlechte Angewohnheiten antrainieren. Diese Gefahr ist umso größer, als die Korrektoren in Übungsklausuren hierzu kaum jemals Hinweise geben.

Beispiele solcher Fehler sind:

„X hat den Tatbestand erfüllt". Erfüllt werden Gebote oder Wünsche, nicht aber Gesetze. Richtig wäre: „X hat den Tatbestand verwirklicht."

„X hat sich des Mordes schuldig gemacht." Der Genitiv geht meistens schief, und die Schuld ist nur die zweite Hälfte der strafrechtlichen Dogmatik von Unrecht und Schuld. Richtig wäre: „X ist strafbar" (dass es sich um Mord handelt, geht aus den vorausgegangenen Ausführungen hervor – jedes überflüssige Wort schadet).

„... nach § 243 Abs. 1 Satz 2 Ziff. 2..." Mit Ziffern wird etwas beziffert, z. B. der Platz in der Warteschlange bei der Behörde. Hinter der Ziffer 2 steht aber ein Punkt, und deshalb handelt es sich um eine Nummer, mit der etwas nummeriert wird, nämlich die Varianten des § 243. Richtig wäre also „Nr. 2".

„...§ 223 Abs. 1 zweite Alternative StGB". Eine zweite Alternative gibt es nicht. Es gibt nur eine, nämlich die Alternative, etwa zum Jurastudium, zum Heiraten, zum Autofahren... Richtig wäre: „zweite Variante" oder kürzer: „Var. 2".

„Nach herrschender Meinung (Rechtsprechung)...". Niemand weiß, was dies ist. Es handelt sich um eine reine Manipulationstechnik, die Sie weder im Studium noch im Beruf mitzumachen brauchen. Richtig wäre: „Nach einer Meinung (in der Rechtsprechung/im Schrifttum..." In eindeutigen Fällen können Sie auch sagen: „Nach wohl überwiegender Meinung..." oder (wenn der Fall ganz eindeutig ist) „Nach allgemeiner Meinung...(ist z. B. die Selbsttötung nicht tatbestandsmäßig i. S. d. § 212 StGB).

Glauben Sie mir – es ist möglich, ganz ohne „herrschende Meinung“ (oder, noch schlimmer, „herrschende Rechtsprechung“) auszukommen.

„Sonstige niedrige Beweggründe (beim Mord) sind solche, die auf sittlich tiefster Stufe stehen und verächtlich sind.“ Große Worte verraten schwache Argumente. Meiden Sie das Wortgeklingel, auch wenn es weithin üblich ist. Richtig wäre: „Sonstige niedrige Beweggründe sind solche, die den drei im Gesetz genannten Beweggründen „aus Mordlust, zur Befriedigung des Geschlechtstriebs, aus Habgier“ vergleichbar sind.“

„Paragraphen ohne Gesetzesangabe sind solche des StGB (BGB...)“. Was sonst sollen sie sein? Also: Weglassen.

„Kennzeichen des Diebstahls ist das Entsetzen aus der Eigentumsposition.“ Wir Juristen sind Hauptlieferanten für Stilblütensammlungen. Beteiligen Sie sich nicht an solchen Lieferungen. Ihre Regel sollte lauten: Sweet and Short!

Zu Ihren wichtigsten Werkzeugen gehört die schon angesprochene Zitierung von Gesetzen. Wenn Sie beispielsweise in der Überschrift schreiben: „§ 224 I Nr. 1 (andere gesundheitsgefährliche Stoffe)“ können Sie Sätze schreiben wie: „Dadurch, dass T den O mit Bakterien infiziert hat (= Abschreiben des Sachverhalts) könnte er sich wegen Gefährlicher Körperverletzung nach § 224 StGB strafbar gemacht haben. Dazu müsste er dem O andere gefährliche Stoffe i. S. d. Nr. 1 beigebracht haben“ (= Abschreiben des Gesetzes).

Denken Sie an Tucholskis Wort: „Was gestrichen ist, kann nicht durchfallen.“

Auf das Unerwartete gefasst sein

Es gibt mehr Ding' im Himmel und auf Erden, als eure Schulweisheit sich träumt, sagte Horatio in Shakespeares Hamlet. Das gilt ganz besonders für juristische Prüfungen. Da kommen Dinge vor, die Sie sich nicht vorstellen können. Kürzlich wurde folgender Fall geprüft:

„Hundefreund H vermisst seinen Dackel Waldi (W) und hängt einen Zettel aus: „Wer mir meinen Waldi wiederbringt, erhält hundert Euro Belohnung. Feind F des H sieht den Zettel und fügt mit einem Filzschreiber hinzu: 'Tot oder lebendig'. Das liest wenig später Jäger J, zieht los, findet W, erschießt W, bringt W an den Dackelohren hängend dem H und fordert die Belohnung. Wie ist die Rechtslage?"

Dies ist nicht normal. Im normalen Leben läuft kein Dackel davon. Niemand schreibt Aufforderungen, wie sie im Wilden Westen üblich waren, auf deutsche Zettel. Kein Jäger erschießt einen Dackel. Auch trägt man einen erschossenen Dackel nicht an den Ohren. Aber im Examen trifft alles zusammen, und da geht es Ihnen wie jenen Richtern am schweizerischen Bundesgericht in Lausanne, die einmal einen schwierigen Fall zu entscheiden hatten. Ein Richter fand die goldenen Worte (man muss sie schwyzerdütsch sprechen): „Dieser Fall wäre besser nicht vorgekommen."

Trainieren Sie die Begegnung mit solchen Überraschungen. Versuchen Sie nicht, alle Probleme oder Gerichtsentscheidungen zu „lernen". Machen Sie sich vielmehr auf das Unerwartete gefasst. Wenn es dann kommt, sollten Sie es positiv begrüßen und sich sagen: „Ich habe es ja immer gewusst, dass ein Fall auf mich zukommt, von dem ich noch nie etwas gehört habe."! Machen Sie sich klar: Der Prüfer weiß, dass Sie den Fall nicht kennen. Ihn interessiert nicht die Lösung des Falles. Er will wissen, wie Sie mit einem unbekannten Fall umgehen. Darin liegt eine große Chance.

Formregeln beachten

Die Form spielt bei allen juristischen Vorgängen eine wichtige Rolle. Nicht umsonst tragen Richter und Anwälte eine Robe und stehen die Anwesenden auf, wenn die Richter den Saal betreten. Auch im juristischen Examen kommt es wesentlich auf äußere Formen an.

Ich habe einmal Folgendes erlebt: In der mündlichen Prüfung schlurfte ein Kandidat herein, gewandet in einen bis zu den Knien hängenden grobgestrickten Dritte-Welt-Pullover, ausgetragenen Jeans und Sandalen. Der Vorsitzende betrachtete ihn eine Weile und fragte dann: „Finden Sie, dass Sie richtig angezogen sind?"

„Ja", antwortete der Kandidat.

„Gehen Sie raus!" schnaubte der Vorsitzende. Der Kandidat schlurfte mit seinen leidenden Mitstreitern auf den Gang und der Vorsitzende beriet sich mit den Mitprüfern. Dann wurde der Kandidat wieder hereingerufen.

„Können Sie heimgehen und sich umziehen?" wollte der Vorsitzende wissen.

„Nein, ich komme von auswärts..."

„Raus, raus, raus!"

Es folgte eine Beratung, in der die Mitprüfer dem Vorsitzenden klarmachten, dass der Kandidat nun nicht mehr durchfallen könne, da in diesem Fall eine Anfechtungsklage begründet wäre. Es kam also zur Prüfung, und der Kandidat bestand diese auch, aber glanzvoll war das Ganze nicht. Besser also: Anzug oder Kostüm, Krawatte, und auch ein Haarschnitt kann nicht schaden.

Auch die äußere Form der schriftlichen Arbeiten ist wichtig. Das setzt ein Training voraus, bei dem Sie von Anfang an den Ernstfall trainieren: Orginialpapier wie im Examen (kein Umweltschutzpapier), Füllfederhalter, lesbare Schrift, Absätze an der richtigen Stelle, breiter Rand auf der rechten Seite (nicht etwa links – überlegen Sie, wo der Prüfer, der vermutlich Rechtshänder ist, seine Hand samt Manschetten liegen hat). Leider gehört das Schreiben nicht mehr zu den Elementarfertigkeiten, die in der Schule gelehrt werden. Also müssen Sie das nachholen. Es gibt besondere Füllfederhalter, mit denen Sie Kaligraphie üben können. Tun Sie das, und testen Sie, wie Ihre Schrift bei anderen ankommt.

Auch das Prüfungsgespräch im mündlichen Examen können und sollten Sie trainieren. Bilden Sie mit Kommilitonen zusammen ein Team und prüfen Sie sich gegenseitig. Oder nehmen Sie ein Diktiergerät, lesen Sie sich einen Fall aus einer der vielem Fallsammlungen vor, und entwickeln Sie den Fall, als ob Sie im mündlichen Examen säßen. Wenn Sie stocken, sollten Sie analysieren, warum Sie stocken.

Gewöhnen Sie sich an, ganze Sätze zu sprechen. Und gewöhnen Sie sich an, naheliegende Fragen („Warum?“) selbst zu stellen.

Die eigentlichen juristischen Fertigkeiten, die Sie ebenfalls trainieren müssen

Strukturen bilden und anwenden

Ein alltägliches Anwaltserlebnis

Mit Strukturen können Sie Fälle lösen, auch und gerade solche Fälle, die Ihnen völlig unbekannt sind.

Versetzen Sie sich geistig in die Zukunft. Stellen Sie sich vor, Sie sind Anwalt. Zu Ihnen kommt ein Mandant und erzählt Ihnen: „Ich habe ein gebrauchtes Auto gekauft. Nach kurzer Zeit stellte sich heraus, dass es ein Unfallauto war. . ."

Der Laie würde antworten: „Das ist ja unglaublich. Ich würde den Verkäufer anzeigen."

Der Anwalt muss anders vorgehen. Er muss alle Aspekte des Falles bedenken und etwa sagen: „Sie könnten unter privatrechtlichem Aspekt Ansprüche gegen den Verkäufer haben. Das Auto könnte unter öffentlich-rechtlichem Aspekt verkehrsuntüchtig sein und die Zulassung zum Straßenverkehr verlieren. Der Verkäufer könnte sich unter strafrechtlichem Aspekt strafbar gemacht haben."

Um das tun zu können, muss der Anwalt eine Struktur anwenden, und zwar im Frühstadium eines Falles die elementarste Struktur, die es im Recht gibt. Sie besteht aus dem Oberbegriff „Recht" und den drei Unterbegriffen „Privatrecht", „Öffentliches Recht" und „Strafrecht". Aus der Geschichte des Mandanten ist ein Rechtsfall geworden.

„Ich will mein Recht", sagt der Mandant.

Die Struktur ermöglicht es dem Anwalt, diese Frage zu beantworten.

„Sie müssen drei Dinge bedenken. Im Augenblick ist am wichtigsten die Frage, ob Ihr Auto noch verkehrstüchtig ist. Verneinendenfalls sollten Sie damit nicht mehr fahren. Sodann ist zu entscheiden, was Sie vom Verkäufer fordern können und wollen. Schließlich ist zu bedenken, dass der Verkäufer sich möglicherweise strafbar gemacht hat. Dabei gilt es auch zu bedenken, dass jemand, der im Gefängnis sitzt, seine Schulden wahrscheinlich nicht bezahlen kann."

Der Mandant ist beeindruckt. Er hat erlebt, wie ein Anwalt denkt. Und er hat etwas Neues erfahren, woran er bislang nicht gedacht hat. Dass sein Auto möglicherweise nicht mehr fahrtüchtig ist, ist ihm vor lauter Empörung bislang nicht in den Sinn gekommen. Das Auto steht unten auf dem Parkplatz der Kanzlei. Während der Herfahrt hat er sich geistig nur mit dem Betrüger beschäftigt, der ihm ein Unfallauto verkauft hat. Jetzt fällt ihm ein, dass der Werkstattleiter etwas von einem verzogenen Chassis erzählt hat...

Das Mandat kommt zustande.

Was ist eine Struktur?

Eine Struktur ist ein Hilfsmittel, mit dem Sie Ordnung in einen Fall bringen können.

Die Sprache bietet Ihnen die Möglichkeit, den Abstraktionsgrad der Begriffe zu steigern. Aus dem Verkäufer wird eine Person. Aus dem Auto wird eine Sache. Aus der Beziehung des Käufers zum Verkäufer wird ein Gegenstand des Privatrechts. Aus der Verkehrstüchtigkeit des Autos wird eine Angelegenheit des öffentlichen Rechts. Das Verhalten des Verkäufers wird ein Thema des Strafrechts.

Alle juristische Tätigkeit besteht darin, derartige Strukturen zu finden, zu bilden, zu formulieren und auf Geschichten anzuwenden, um mögliche Lösungen zu finden und sachgerechte Entscheidungen zu treffen. Wenn das Auto tatsächlich nicht mehr verkehrstüchtig ist, muss der Mandant vor den daraus resultierenden Gefahren bewahrt werden. Notfalls muss er mit dem Bus nach Hause fahren. Ist der Verkäufer insolvent, hat es wenig Sinn, ihn auf Schadensersatz zu verklagen. Andererseits befriedigt eine Strafanzeige zwar vielleicht das Gerechtigkeitsgefühl des Käufers, führt aber möglicherweise dazu, dass der Verkäufer einen Strafverteidiger bezahlt statt den Schaden des Käufers zu ersetzen.

Abstrakt bezeichnet bietet die genannte Struktur folgendes Bild:

Strukturpunkt
- Strukturpunkt
- Strukturpunkt
- Strukturpunkt

Dieses Schema wiederholt sich. Jeder Unter-Strukturpunkt kann wiederum mit Unterstrukturpunkten versehen werden. Dies sieht dann so aus:

Strukturpunkt
- Strukturpunkt
  - Strukturpunkt
  - Strukturpunkt
  - Strukturpunkt
- Strukturpunkt
- Strukturpunkt

Solch eine Struktur wird rasch unübersichtlich. Wenn die Struktur lediglich drei Punkte (P) auf der zweiten und jeweils drei Punkte auf der dritten Ebene enthält, besteht sie insgesamt schon aus 13 Punkten. Das sieht dann so aus:

S
- S
  - S
  - S
  - S
- S
  - S
  - S
  - S
- S
  - S
  - S
  - S

Ein derart komplexes Gebilde überfordert den Menschen. Gleichwohl können Sie als Jurist mit großer Präzision damit arbeiten.

Wie ist das möglich?

Strukturdenken

Die Antwort liegt in der Fähigkeit des Strukturdenkens. Diese Fähigkeit ist uns nicht angeboren. Sie muss eintrainiert werden. Das Jurastudium bietet ein solches Training. Später setzt es sich in der Berufstätigkeit fort. Es liegt vergleichbar wie bei anderen Fähigkeiten, etwa der Fähigkeit zum Ausüben einer Sportart oder zum Spielen eines Musikinstrumentes.

Im Jurastudium müssen Sie die Fähigkeit erwerbem, alle vorkommenden Rechtsfälle anhand eines offenen Systems von Srukturen zu beurteilen und dabei zu „wissen", wo Sie jeweils „in die Tiefe gehen" müssen, und wo nicht. Diese Fähigkeit können Sie nur durch ein Training mit vielen verschiedenen Fällen erworben, die Sie in immer neuen Konstellationen von Strukturen bearbeiten. Dadurch erwerben Sie Ihr juristisches „Können“ – Ihre Fertigkeiten, die Ihnen mit großer Sicherheit die Bearbeitung von Fällen „nach Gesetz und Recht“ ermöglichen.

Dieses „Können“ kann man sprachlich so wenig dargestellen wie das „Können“ eines Sportlers oder Musikers. Deshalb kommt es in der traditionellen juristischen Methodenlehre nicht vor. Es bildet aber den Kern der juristischen Methode. Wer es nicht erwirbt, scheitert garantiert in den juristischen Staatsprüfungen. Je besser Sie es beherrschen, desto erfolgreicher sind Sie im Examen und später im Beruf. Dies bringt eine englische Redensart wie folgt zum Ausdruck: „Ein Jurist sollte ein Mensch von Lebensart und Bildung sein. Wenn er dazu noch über über einige Rechtskenntnisse verfügt, ist das nicht von Übel.“

Entscheidend für Ihren Erfolg ist also Ihre Fähigkeit, mit Strukturen umzugehen.

Lineares und punktuelles Denken

Die Gegenbegriffe zum Strukturdenken sind das lineare und das punktuelle Denken.

Das lineare Denken praktiziert der Mandant beim Erzählen seiner Geschichte. Geschichten spielen eindimensional in der Zeit. Der Mandant erzählt, was geschehen ist. Er springt dabei zwar nach vorne oder zurück und eröffnet Seitenstränge. Aber der Aufbau seiner Erzählung ist immer linear. Ereignisse werden zu Ursachen für folgende Ereignisse, diese werden wiederum zu Ursachen, und so fort.

Aus dem linearen Denken folgt das punktuelle Denken. „Da hat er mich betrogen", erzählt der Mandant. Und schon ist er beim Strafrecht. Wenn der Anwalt ihm hierbei folgt, verspielt er leicht den Fall. Dann wandert der Gegner zwar vielleicht in das Gefängnis, aber bei den niedrigen Löhnen dort wird er niemals imstande sein, den angerichteten Schaden zu ersetzen.

Unser Alltag wird von diesen beiden Denkweisen beherrscht. Das Strukturdenken wäre hier wunderlich und störend. Stellen Sie sich einen Stammtisch vor, dem ein Teilnehmer folgende Struktur verpassen würde: „Erst betrinken wir uns. Dann erzählen wir schmutzige Witze. Zum Schluss singen wir Lieder." Nein, im Alltag praktizieren wir das Strukturdenken nicht, weshalb wir es auch nicht beherrschen, und weshalb wir es durch Training mühsam erwerben müssen.

Aber das Jurastudium und der juristische Beruf sind kein Alltag. Hier benötigen Sie das Strukturdenken.

Strukturbeispiele

Alle unsere Gesetze und die gesamte Dogmatik bieten unentwegt Strukturbeispiele. Diese Vorgehensweise basiert auf dem Römischen Recht, genauer, auf der Methode, die in den Institutionen, den ersten juristischen Lehrbüchern entwickelt wurde. Das bekannteste und am besten erhaltene dieser Lehrbücher sind die Institutionen des Gaius.

Bereits Marcus Tullius Cicero hatte in der nicht erhaltenen Schrift „de iure civili in artem redigendo" postuliert, man müsse das römische Recht in ein System mit Einteilungen, Definitionen und abstrakten Rechtssätzen bringen. Diesen Ansatz führte Gaius aus. Er war Rechtslehrer, vermutlich an der Rechtsschule zu Berytos in der zweiten Hälfte des 2. Jahrhunderts nach Chr. Seine Methode bestand darin, Begriffshierarchien zu errichten, mit deren Hilfe das gesamte römische Recht erfasst und beherrscht werden konnte.

Diese Methode ist für das kontinentaleuropäische Recht bestimmend geworden. Schauen Sie sich etwa das Inhaltsverzeichnis des BGB an. Sie finden dort einen Allgemeinen Teil, der die Regelungen enthält, die „vor die Klammer" des Besonderen Teils gezogen sind, nämlich Regelungen über die Träger von Rechten und Pflichten (natürliche und juristische Person, Willenserklärung, Stellvertretung usw.), sodann einen Besonderen Teil, in dem die Beziehungen zwischen Personen sowie zwischen Personen und Sachen geregelt sind (Schuldrecht, Sachenrecht, Familienrecht, Erbrecht). Das ist eine Struktur, freilich keine vollkommene Struktur (die wirklich wertvollen Dinge, nämlich das geistige Eigentum wie Patente und Marken, wurden bei Schaffung des BGB im 19. Jahrhundert schicht übersehen).

Nehmen Sie als Beispiel die bereits eingangs behandelte „Willenserklärung". In den Lehrbüchern finden Sie Sätze wie: „Eine Willenserklärung ist eine Willensäußerung, díe auf einen rechtlichen Erfolg gerichtet ist. Sie ist wesentlicher Bestandteil eines Rechtsgeschäftes. Die Willenserklärung ist mit der Abgabe vollendet. Sie wird aber oftmals erst mit dem Zugang beim Adressaten wirksam."

Mit solchen Sätzen können sie keine Fälle lösen. Anders, wenn Sie die „Willenserklärung" in eine Struktur umwandeln. Dazu unterscheiden Sie zunächst zwei Hauptelemente, den „Willen" und die „Erklärung". Und dazu müssen Sie entscheiden, womit Sie die Fallprüfung beginnen. Eine Anleihe beim Strafrecht gibt Ihnen einen Fingerzeig. Man beginnt grundsätzlich mit den leichter fassbaren objektiven Erscheinungen und bearbeitet erst dann die viel schwieriger zu greifenden subjektiven Gegebenheiten. Also beginnen Sie mit der „Erklärung" und nicht, wie es in vielen Lehrbüchern geschieht, mit dem „Willen". In entsprechender Weise strukturieren Sie Ihr Thema weiter.

Oder nehmen Sie das Beispiel der strafrechtlichen Rechtfertigungsgründe. In einer Examensklausur kommt ein Arzt vor, der einem bewusstlosen Unfallopfer O mit unzureichenden Mitteln Erste Hilfe leistet und dadurch den O verletzt. Die meisten, wenn nicht alle Kandidaten, würden diesen Fall nach den Regeln des rechtfertigenden Notstands, § 34 StGB, behandeln. Hätten Sie im Studium eine Rechtfertigungsstruktur gebildet, wäre Ihnen der richtige Einstieg in die Rechtfertigungsgründe in Fleisch und Blut überbegangen (Situation des weichenden Interesses mit Vorrang vor der Situation des überwiegenden Interesses), dann wäre Ihnen dieser Fehler nicht unterlaufen. Denn der Fall ist nach den Regeln der mutmaßlichen Einwilligung zu prüfen.

Es gibt kein Rechtsgebiet, das Sie nicht mit Hilfe von Strukturen beherrschen können. Jenseits aller konkreten Strukturen (Willenserklärung, Rechtfertigungsgründe, Grundrechte und und...) befindet sich das Werkzeug des Strukturierens. Wenn Sie es beherrschen, können Sie auch unbekannte Fälle lösen, sogar in Rechtsgebieten, die Sie nicht „gelernt" haben.

Durch rationales Lernen finden Sie zu diesem Werkzeug!

Intuitives und rationales Verhalten

Im Alltag überlegen wir nicht, wie wir uns verhalten. Wir beobachten uns selbst nicht. Was wir tun, tun wir intuitiv. Wenn wir über ein Problem sprechen, erzählen wir linear dessen Geschichte und greifen punktuell die Dinge heraus, die uns wichtig erscheinen. Die meisten Menschen kommen über dieses intuitive Verhalten nicht hinaus.

Als Jurist verhalten Sie sich anders. Sie prüfen alle Aspekte eines Falles und bedenken deren Zusammenhänge. Bei möglichen Entscheidungen bedenken Sie deren Folgen und wägen Chancen und Risiken ab. Bei dieser rationalen Vorgehensweise ist es nur ein kleiner Schritt zur Selbstbeobachtung und Optimierung des eigenen Problemlösungsverhaltens. „Erkenne dich selbst" (griechisch = gnóthi seautón) lautete die von einem der sieben Weisen stammende Inschrift am Apollontempel in Delphi. Dieser Satz ist heute unverändert aktuell. „Geh´ im Geist auf den Balkon", lautet er in zeitgemäßer Fassung. „Schau- ´Dir an, wie Du Dich verhältst. Mach' Dir klar, was Du tust und wie Du es tust. Überlege, wie Du es verbessern kannst."

Mit dem Computer trainieren

Sie haben jetzt erfahren, welche Schwächen die „traditionellen" Lermethoden haben und dass es auch beim juristischen Lernen auf ein regelmäßiges und vor allem „gehirngerechtes" Trainieren ankommt. Im Grunde ist damit alles gesagt, was Sie wissen müssen um ein erfolgreiches Jurastudium zu absolvieren.

Wir empfehlen Ihnen jedoch, sich von einem mächtigen Werkzeug unterstützen zu lassen. Keine andere

Erfindung hat das geistige Arbeiten so verbessert und vereinfacht wie – Sie ahnen es –

der Computer.

Mit Hilfe des Computers können Sie das Problemlösungsverhalten eines erfahrenen Juristen simulieren. Dieser verfügt über ein (meist intuitiv erworbenes) Strukturwissen und die Fähigkeit, zu wissen, wo und wann er angesichts eines konkreten Falles „in die Tiefe" gehen muss, und wann nicht. Der Laie kann das nicht. Der erfahrene Jurist kann das, aber er kann es auf überwiegend intuitiver Basis. Die Erfahrung mit vielen Fällen hat ihn das gelehrt. Dabei braucht er nicht nachzudenken. Er verfügt vielmehr über die dazu notwendigen Automatismen.

Im Studium können Sie eine jahrzehntelange Praxis nicht simulieren. Wohl aber können Sie die dort inutiutiv entstehende Fertigkeit des Strukturierens mit Hilfe eines geeigneten Lernprogramms auf rationale Weise einüben.

Von dieser Überlegung ausgehend wurde der **Normfall Lerntrainer** entwickelt.

So wie ein Pilot im Flugsimulator komplizierte Manöver immer wieder übt, „trainiert", damit sie im Ernstfall „sitzen", versetzt Sie der „Normfall-Lerntrainer" in die Lage, immer wieder die „Grundstrukturen" einer gelungenen Fallprüfung zu üben. Wenn Sie nicht wissen, wie Sie einen Fall „aufbauen" sollen, haben Sie im Ernstfall (also in der Klausur) kaum eine Chance zu den eigentlichen juristischen Problemen vorzudringen und diese zu lösen. Nur wenn Sie den Aufbau wie im Schlaf beherrschen, können Sie an den richtigen Stellen überzeugend argumentieren. Der Normfall-Trainer bietet Ihnen einen einheitlichen Fallaufbau, der prüfungssicher ist. Die Fallmenge und Fallauswahl wurden dabei so getroffen, dass Sie einen optimalen Lern- und „Struktureffekt“ haben. Sie werden überrrascht sein, wie schnell Sie die richtigen Strukturen im Kopf haben.

Technisch gesehen ist dabei die Grundidee, dass zunächst zu den verschiedenen Rechtsgebieten Strukturmodule gebildet werden. Diese Strukturmodule sind die Aufbauschemata für Fälle in diesem Gebiet. Strukturmodule sind beispielsweise (im Strafrecht) die Module „Vorsatz“, „Fahrlässigkeit“, „Versuch“, „Rücktritt vom Versuch“, „Unterlassung“ usw. Sie enthalten jeweils das Prüfprogramm, das Sie anwenden müssen, wenn Sie einen Fall lösen. Sie müssen beispielsweise „wissen“, dass sich das Wissenselement des Vorsatzes auf deskriptive und normative Tatbestandsmerkmale beziehen kann und dass es bei Begehung der Tat ausreichend konkret wenigstens latent vorliegen muss.

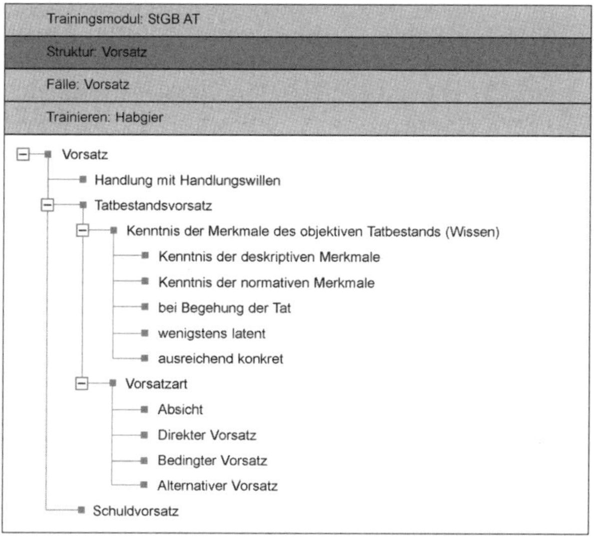

Diese Strukturen werden dann so mit Fällen verknüpft, dass sie Ihnen einen Weg durch die Struktur „bahnen“. Alles wird natürlich gespeichert: Sie können mit dem Lernprogramm den Weg durch die Struktur anhand der einzelnen Fälle trainieren und gehen jeweils dort – und nur dort – „in die Tiefe“, wo dies nötig ist, weil der Fall an dieser Stelle irgendwie problematisch ist.

Wohlgemerkt – all diese Strukturelemente benötigen Sie nur dann und nur dort, wo etwas „hakt“. Wenn Mörder M sein Opfer O erschießt, stellen Sie den Tötungsvorsatz schlicht fest. Wenn M dagegen zur Vorbereitung seiner Tat Schießübungen veranstaltet, dabei zufällig den des Weges kommenden O erschießt und anschließend erfreut feststellt, dass er seinen Job schon erledigt hat, müssen Sie bei der Vorsatzprüfung „in die Tiefe“ gehen. Beim Merkmal „bei Begehung der Tat“ verneinen Sie dann den Vorsatz (und gehen zur Fahrlässigkeitsprüfung über). Im entsprechenden Prüfprogramm ist dies festgehalten, und Sie können es trainieren. Der nächste Fall ist dann an anderer Stelle problematisch (T vergewaltigt die O und entschließt sich spontan zur Tötung der O, damit diese ihn nicht anzeigen könne.). Die Struktur bleibt immer dieselbe, die Fälle wechseln, und indem Sie die Struktur immer wieder durchspielen, simulieren Sie das Problemlösungsverhalten, für das ein Anwalt oder ein Richter ein ganzes Berufsleben benötigt.

Damit trainieren Sie auch eine weitere für die Klausur entscheidende und in der Ausbildung nur sehr schwer zu vermittelnde Fertigkeit: die richtige Schwerpunktsetzung. Die meisten Klausuren werden nämlich „verzeichnet“. Da findet der Prüfer die berüchtigten seitenlangen Ausführungen über ein

Fahrrad als bewegliche Sache, nach denen dann die eigentlichen Probleme viel zu kurz kommen..

Natürlich sind Computer „dumm“. Die herkömmlichen Lernprogramme taugen daher wenig, wenn es darum geht, juristisches Wissen zu vermitteln. Multiple-Choice Fragen und -Antworten nützen wenig („Wer oder was ist/war Radbruch? – Ein Ereignis beim Wagenfahren? Eine Landschaft in Niedersachsen? Ein Rechtsphilosoph?“). Der Normfall Lerntrainer geht hier andere Wege. Er bietet Ihnen Strukturen und Fälle und setzt voraus, dass Sie Ihre Intelligenz auf überlegte und rationale Weise einsetzen. Es bringt Ihnen nämlich nichts, wenn Sie das Lernprogramm einfach ablaufen lassen und wie beim Fernsehen zuschauen. Sie sollen (und müssen) vielmehr aktiv mitarbeiten. Vor jedem einzelnen Prüfschritt sind Sie aufgerufen, zunächst zu überlegen, wie dieser Schritt aussieht, ehe Sie Ihre Antwort eingeben und vom System erfahren, ob Sie richtig oder falsch liegen.

Nehmen Sie nochmals das Beispiel des Mörders, der zufällig bei Schießübungen sein Opfer getötet hat. Sie prüfen das Modul Vorsatz. Vor Ihnen auf dem Bildschirm steht das Wort „Tatbestandsvorsatz“. Sie müssen zunächst erkennen, dass dieses Merkmal problematisch ist. Also geben Sie den Befehl „Prüfen“ ein. (Läge ein normaler Fall des Vorsatzes vor, würden Sie dagegen lediglich „Ja“ eingeben.) Ehe Sie den Befehl „Prüfen“ eingeben, sollten Sie aber wie stets überlegen, was Sie als nächstes, was als übernächstes usw. prüfen müssen. In eben dieser Situation sind Sie ja auch im Examen, wo Sie eine schulmäßige Vorsatzprüfung hinlegen müssen. Also überlegen Sie zunächst, wie Ihre Antwort aussehen würde, und geben Sie erst dann den Befehl „Prüfen“ ein. Das System zeigt Ihnen daraufhin den ersten Prüfpunkt ein. Er lautet „Kenntnis der Merkmale des objektiven Tatbestands". Diesen müssen Sie erneut prüfen. Wieder überlegen Sie zuerst, wie Ihre entsprechende Teilstruktur aussieht, ehe Sie hier mit dem Befehl „Prüfen" „in die Tiefe" gehen. Sie gelangen zum Strukturpunkt „Kenntnis der deskriptiven Merkmale" und bejahen diesen Punkt. Ehe Sie Ihr „Ja" eingeben, überlegen Sie wiederum, was als nächstes kommt. Sie beantworten diese Frage im Kopf und prüfen dann anhand der gespeicherten Struktur, ob Sie das richtige getroffen haben („bei Begehung der Tat"). Und so geht es weiter.

Auf diese Weise lernen Sie durch stetes Training zweierlei. Zum einen üben Sie die Struktur des Vorsatzes wie die aller anderen Teilgebiete so ein, dass Sie diese Struktur beherrschen und jeden – auch den unbekannten – Fall damit lösen können. Zum anderen trainieren Sie die Automatismen ein, die Sie für das Arbeiten mit juristischen Strukturen benötigen. Zum Oberflächenwissen der Struktur des Vorsatzes, der Fahrlässigkeit usw. tritt also die Tiefenfertigkeit des Strukturierens.

Die Formel für diese Art des Trainings lautet: Maschinelle Geduld plus menschliche Intelligenz = juristische Fertigkeiten.

Probieren Sie es aus!

Literatur

Hirn-Literatur

Ratey, John J., Das menschliche Gehirn,
2003, 478 Seiten, 12,95 Euro
Versteht sich selbst als »Gebrauchsanleitung«. Einfach gegliedert, viele Beispiele

Manfred Spitzer, Geist im Netz,
2000, 385 Seiten, 14,95 Euro
Ein hervorragendes Buch, das das Funktionieren des »Netzwerks« Gehirn sehr anschaulich und präzise darstellt. Das sollten Sie auf alle Fälle lesen!

Vester, Frederic, Denken, Lernen, Vergessen,
1998, 190 Seiten, Aktualisierte Neuausgabe,
8,50 Euro
Klassiker. Mit vielen praktischen Lerntipps

Hilligardt, Elisabeth / Lange, Barbara, Jurastudium erfolgreich,
4. Auflage, 2005, 350 Seiten, 14,80 Euro
Sehr umfangreich. Die Verfasserinnen gehen auf wirklich alle Aspekte des Jurastudiums ein.

Haft, Fritjof, Einführung in das juristische Lernen,
6. Auflage, 1997, 431 Seiten, 19,50 Euro
Der Klassiker für das juristische Lernen. An diesem Buch kommt kein Jurastudent vorbei.

Wesel, Uwe, Juristische Weltkunde,
2000, 214 Seiten, 10,– Euro
Interessant zu lesen, gute Polemik. Liefert sicherlich manche wichtige Einsicht. Allerdings auch zuweilen etwas politisch. Wichtig auch: die rechtshistorischen Ausführungen.

CD

Im Anhang befindet sich eine Mini-CD mit Beispielsstrukturen aus dem Strafrecht.

Trainer-Demo-Installationsanleitung

Systemvoraussetzungen

- Monitor/Grafikkarte mit Mindestauflösung von 800*600 bei 256 Farben
- Windows 98, ME, 2000, XP oder Vista
- Zeigegerät (Maus). Steuerung nur über Tastatur ist nicht möglich!
- Während der Installation benötigen Sie volle Zugriffsrechte (Administratorrechte) auf Ihren Computer.

Installation

1. Einlegen der CD

Legen Sie die CD in das Laufwerk.

Wenn Autorun auf Ihrem Computer aktiviert ist, erscheint nach ca. 30 Sekunden das Trainer-Begrüßungsfenster.

Wenn Autorun auf ihrem Computer nicht aktiviert ist, doppelklicken Sie auf das CD-Symbol unter *Arbeitsplatz*. Das Trainer-Begrüßungsfenster wird dann angezeigt.

2. Übersicht über das Begrüßungsfenster

Vom Begrüßungsfenster aus können Sie benötigte Microsoft-Komponenten, die Trainer-Software sowie die Trainer-Inhalte installieren. Dies alles wird benötigt, damit Sie den Trainer starten können.

Nach der Installation können Sie über das Begrüßungsfenster den Trainer starten, das Handbuch lesen oder ein Update der Trainer-Software im Internet suchen.

Sie können das Begrüßungsfenster schließen, indem Sie auf das Symbol *X* oben rechts klicken. Sie können das Begrüßungsfenster erneut anzeigen lassen, indem Sie auf das Symbol für die eingelegte CD unter *Arbeitsplatz* doppelklicken.

Ganz unten im Begrüßungsfenster befindet sich die *Hinweiszeile*. Die Hinweise reichen im Normalfall aus, um Sie durch die Installation des Trainers zu führen, so dass Sie diese Anleitung nicht unbedingt brauchen.

3. Installation benötigter Windows-Komponenten

Sollten auf Ihrem Rechner noch nicht alle benötigten Microsoft-Komponenten (diese heißen *Jet* und *MDAC*) in aktueller Version installiert sein, erscheint ein entsprechender Hinweis in der Hinweiszeile.

Klicken Sie auf die Schaltfläche *Windows-Komponenten installieren*, um die Installation zu starten.

Die Installation geschieht teilweise unsichtbar im Hintergrund. Den erfolgreichen Abschluss der Installation erkennen Sie am veränderten Hinweis im Begrüßungsfenster.

Eventuell werden Sie zum Neustart Ihres Rechners aufgefordert.

4. Installation der Trainer-Software

Wenn Sie die Trainer-Software in der aktuellen Version nicht schon installiert haben (z. B. von einer anderen CD), fordert Sie die Hinweiszeile zum Installieren der Software auf.

Klicken Sie auf die Schaltfläche *Software installieren*. Das Programm *InstallShield-Assistent* erscheint. Folgen Sie den Anweisungen des Programms, um die Trainer-Software zu installieren. Im Normalfall müssen Sie jeweils nur die Schaltfläche Weiter anklicken.

Wenn Sie zum Neustart des Computers aufgefordert werden, verneinen Sie dies zunächst und führen Sie den Neustart anschließend selbst durch.

5. Installation der Trainer-Inhalte

Um die auf der CD enthaltenen Trainingsinhalte zu installieren, klicken Sie auf die entsprechende Schaltfläche.

Die Trainingsinhalte werden installiert und es werden Verknüpfungen im Startmenü und auf dem Desktop erzeugt.

Es erscheint eine Meldung, die Ihnen die erfolgreiche Installation der Trainingsinhalte anzeigt.

6. Training beginnen

Nach erfolgreicher Installation befinden sich auf Ihrem Desktop eine oder mehrere Symbole (Icons), die auf Normfall-Trainingsinhalte verweisen. Doppelklicken Sie ein oder das Symbol, um mit dem Training zu beginnen.

Wenn Sie die Symbole auf Ihrem Desktop stören, können Sie sie von dort löschen. Sie können dann über *Startmenü → Programme → Normfall Trainer* auf die Trainingsmodule zugreifen oder die Schaltfläche Trainer-Startmenü im Begrüßungsfenster verwenden.

Vor dem ersten Training werden Sie gefragt, wo Sie Ihre Trainingsstatistik speichern möchten. Sie können die Option wählen, automatisch einen Trainingsordner in Ihrem Benutzerprofil anlegen zu lassen.

7. Handbuch lesen

Um das Handbuch zum Normfall Trainer zu lesen, klicken Sie auf die Schaltfläche *Handbuch lesen* im Begrüßungsfenster oder auf die Schaltfläche *Hilfe* im Normfall Trainer.

8. Software über das Internet aktualisieren

Sie können mit der Schaltfläche *Im Internet auf Software-Update prüfen* eine Aktualisierung der Software vornehmen.

Evtl. werden zusätzliche Funktionen der Software auf diesem Wege nachträglich bereitgestellt oder es werden nachträglich entdeckte Fehler behoben.

Notizen

Notizen

Lernen

mit dem Kopf

Die Lern-CDs zeigen die entscheidenden Lernzusammenhänge auf und eröffnen »stressfreie« Wege zum selbstmotivierten und erfolgreichen juristischen Lernen. Grundlegende Aufbaustrukturen werden ständig wiederholt, sodass sie dem Lernenden »in Fleisch und Blut« übergehen. Durch die Normalfallmethode und dieses »Strukturtraining« schulen die CDs den Blick für die klausurrelevanten Probleme. Das typische »Verzeichnen« von Klausuren oder ein falscher Lösungsaufbau werden dadurch vermieden. Weitere Details zu den CDs finden Sie auf der nächsten Seite.

BOORBERG

Trainieren
mit dem Computer

StGB
Allgemeiner Teil
Normfall Trainer 2.0

von Professor Dr. Fritjof Haft,
Eberhard-Karls-Universität Tübingen

2007, 2. Auflage, Einzelplatzanwendung auf CD-ROM, € 14,90

ISBN 978-3-415-03841-7 / 3-415-03841-6

Grundrechte
Normfall Trainer 2.0

von Falk Florian Höhne,
Universität Potsdam

2007, Einzelplatzanwendung auf CD-ROM, € 14,90

ISBN 978-3-415-03842-4 / 3-415-03842-4

BGB
Allgemeiner Teil
Normfall Trainer 2.0

von Wiss. Ass. Dr. Frank Weiler,
Universität Bielefeld

2007, Einzelplatzanwendung auf CD-ROM, € 14,90

ISBN 978-3-415-03843-1 / 3-415-03843-1

Zu beziehen bei Ihrer Buchhandlung oder beim
RICHARD BOORBERG VERLAG GmbH & Co KG
70551 Stuttgart bzw. Postfach 80 03 40, 81603 München
oder Fax an: 07 11/73 85-100 bzw. 089/43 61 564
Internet: www.boorberg.de E-Mail: bestellung@boorberg.de